孤独病

日本人の正体

片田珠美
Katada Tamami

a pilot of wisdom

はじめに

精神科医として診察していると、孤独な方に出会うことが多い。孤独であるがゆえに不安になったり、落ち込んだりして診察を受けにやって来るわけだが、そういう方と話していると、しばしば「飢え」のようなものを感じる。

つながりたい……認められたい……愛されたい……そんな激しい飢えが全身から漂っているように見えて、ハッとすることもある。

困ったことに、そういう飢えは、たとえつながっても、認められても、愛されても、なかなか満たされない。どうすれば飢えを満たせるのか、わからなくて悩む方も少なくないようだ。

もちろん、生きている限り、人から飢えが消えることはない。なぜなら、飢えは人を人たらしめる根源的なものにほかならないからだ。それが人からなくなるのは、死ぬときだけだろう。

だとすれば、人はそんな飢えといかに付き合い、どう扱えばよいのか？　その都度、その都度、飢えを満たすことさえできればそれでいいのか？　そんな飢えとの関《かか》わり方をじっくり考えてみる必要があると思う。どう考え、どう向き合うかで、生き方もまた大きく変わってくるはずだ。


ところで、現代という時代は、人類がかつて経験したことがないほど、この飢えに満ちているのではないだろうか。〝寂しい人〟がこれほど多い時代はかつてなかったのではないだろうか。

インターネットやスマートフォンなど人と人をつなぐ通信メディアがこれほどまでに発達しているのに、なぜなのだろう？

あらゆる欲望を満たしてくれるモノであふれかえっているのに、どうしてなのだろう？

むしろ、通信メディアによるネットワークが発達すればするほど、経済が豊かになりグローバルに発達すればするほど、それに反比例して寂しさは深くなっていっているのではないか。

それは、おそらくネットという空間や物質的な豊かさをきわめた人工的な空間が、人が本来帰っていく場所ではないからなのかもしれない。

戦後の貧しい時代から出発した日本人は、経済的な豊かさを実現することが幸福につながるとずっと信じてやってきた。それなのになぜ？　という思いをとくに中高年世代の多くは持っていると思う。

社会構造の激変によって、人々を強くつなぎとめていたかつての血縁や地縁をベースにしたコミュニティは崩壊しつつあり、いまや個人はネットと現実の間に広がる虚空をふわふわ浮かんでいるような存在になってしまった。

このまま一人ひとりの寂しさがどんどん膨らんでいけば、どうなってしまうのだろう。孤独というものが病理的な色彩を濃くしていけば、やがて紛れもない病になってしまう。

私はそれを「孤独病」と名づけている。

それでは、「孤独病」を防いだり、癒《いや》したりするにはどうすればよいのだろうか。

それには、以下の手続きが必要になる。
• 孤独はこの社会において、どのような表現形態をとっているのか？
• どのような条件のもとで、どのような空気が社会に醸成されると、人は孤独になるのか？
• 孤独がつくられる心的メカニズムとはどのようなものなのか？

そうしたことをまず明らかにして、孤独というものをプラスの価値も含めて深く理解することから始めなければいけない。そのうえで孤独とどう付き合っていくか自分の立ち位置を決めていくことが大事なポイントになる。やみくもに孤独をマイナスなものとして遠ざけたり、そこから逃げたりすることばかり考えてはいけない。

本書では、身近にあるさまざまなトピックスを引き合いに出しながら、「孤独病」に対する処方箋《しょほうせん》も交えて述べることにしたい。孤独を切り取る視点はじつに多様であり、そうした多様性にこそ、現代社会の「孤独」の深刻さが感じ取られるはずである。

誰《だれ》しもがなりうる「孤独病」。それにかからないためには、孤独というものへの理解を深め、それに対するバランスのよい自分なりの距離感を見つけることが必要だ。本書がそのいくばくかのヒントとなれば、とてもうれしく思う。

著者

目次

自己愛が孤独を増幅させる
自撮りをする人たちの孤独
自己愛が満たされていないネット右翼
万能感が膨らむ社会が招く孤独
謙虚と傲慢は紙一重

第三章　人を「孤独病」に追い込む思考習慣

人間は完璧には理解し合えない生き物である
「聞く人」が周りからいなくなった社会
人に嫌われることを恐れない生き方
「気くばり文化」が招く孤独
「情けは人のためならず」が孤独から人を救う
自己肯定感が強ければ孤独に陥らずにすむ
孤独病を招きかねない自立と自己責任をどう考えるか

男は大きなものを目指しすぎて孤独になる
男はもっと話したほうがいい……
誰かにとって必要な存在になる手っ取り早い方法
孤独の効用とは何か？

おわりに

企画／構成協力　髙木真明
図版　クリエイティブメッセンジャー

第一章　「孤独病」の時代

「孤独」は時代の病になった……

先日ファミリーレストランに行った際、奇妙な光景に出会った。

私の向かいのテーブル席に高校生と大学生くらいの二人の子どものいる四人家族が座っていたのだが、彼らの間では家族の会話というものがほとんど交わされなかった。料理のオーダーを終えると、父親も母親も二人の娘もみなそれぞれ自分のスマホを取り出し、料理が運ばれてからも、ほとんど画面を見ながら食事をしている。その間、ずっと無言である。

目の前にいる家族としゃべることがないのなら、そもそも家族で一緒に行動する必要などないではないか……。そんな思いにかられながら、私はちょっと不気味な家族から目を離すことができなかった。

彼らが人間の姿を借りた宇宙人で、自分たちの故郷の星と電子通信機器を使って交信しているというSF映画の設定なら、しっくりきそうな光景である。

だが、宇宙人のような人たちは彼らだけではなかった。

周りを見渡すと、いるいる。あっちにもこっちにも。向かい合っているカップルはときおり短い会話を交わすものの、それぞれのスマホをいじっている時間のほうが圧倒的に長い。営業マンらしき二人連れのサラリーマンは自分のスマホの画面を熱心に見やりながら、パスタを口に運んでいる。

たまたまスマホに熱心な人が、そのとき店内に多かったのかもしれない。

それにしても、見馴《みな》れたファミレスの空間が一瞬非現実的なものに思えるほど、この社会が抱える孤独の深さを目の当たりにした気がした。

目の前にいる肉体を持った人とのコミュニケーションよりも、ネットを通してヴァーチャルな存在とコミュニケーションし、その世界に浸るほうをなぜ選ぶのか？　隣にいる家族や友人、恋人では十分に満たされないものとは一体何なのか？

その根底に潜んでいるのは、新しい時代の新しい形の孤独なのかもしれない。

ネットでの出会いやコミュニケーションを盛んに求める人たちの寂しさ。何かを飢えたように求め、さ迷い続ける心の渇き。

ネットの向こうの曖昧《あいまい》な影のような存在であってもコミュニケーションを交わすことで、心は一瞬満たされたような気分になるのかもしれない。しかし、それは本当に束の間だ。孤独が完全に埋まることはけっしてない。埋まらないから、次から次へと何かに憑《つ》かれたように新しい出会いを求めるのだ。

現代は孤独な人であふれかえっているのだろうか。もし、そうだとしたら、孤独な人が増えた要因はいくつか考えられる。

まず挙げられるのが、資本主義の影響である。

資本主義というシステムは、モノに限らず、家事や育児など人が本来無償で行ういかなる行為もサービスや商品に変えてしまう。

たとえば、母親が仕事などで忙しく育児の時間が十分に取れなければ、かつては祖母や近所のおばさんが面倒を見たものだ。引っ越しでも、友人や親戚、あるいは近所の人たちが手伝うのが普通だった。そうやって血縁や地縁のつながりのなかでお互いに助け合いながら暮らしてきたのだ。

だが、資本主義が発達するにつれて、相互扶助の社会が無償で担ってきたサービス労働がすべて商品として提供されるようになった。このような社会では誰でも、どれだけお金と交換可能な労働力を持っているかという基準ではかられる存在になってしまう。

つまり、資本主義の市場においては、個人がお金あるいは他の人間と交換可能な無機的なパーツになってしまう。そのため、自分はかけがえのない存在であるという実感がどうしても希薄になる。社会を構成するただのパーツにすぎないという思いが、やがて深い孤独感へとつながっていくのである。

「孤独病」は旧《ふる》いコミュニティを捨てた代償

現代人の孤独感を生み出したもう一つの大きな要因は、資本主義の発達に伴うライフスタイルの変化によって地縁や血縁が希薄になったことだろう。

狩猟社会にしろ、農耕社会にしろ、生きていくには、みんなが一緒に協力し合わないとやっていけなかった。大きな獲物を狩ったり、田植えをしたりするには集団で行動しなければならない。血縁や地縁によるコミュニティに属することは、生きるための必要条件だった。人間は集団を前提としてしか生きていけず、まったくの一人では生きていけなかったのである。

しかし、いまや地縁や血縁で結びついたコミュニティはほとんど崩れかかり、人は個人という最小単位に分断されてしまった。組織に所属しなくても、仕事さえ選ばなければ簡単にお金を稼ぐことができるし、食べ物も簡単に手に入れられる。

人が個人という単位で完結し自由を謳歌《おうか》する生き方は、血縁や地縁に束縛される不自由さを嫌い、そこから抜け出すことで得たものだ。それを可能にしたのが資本主義のシステムだ。だが、旧い社会システムを捨てることは、その代償として孤独と向き合わなければいけない生き方を選ぶことでもあったのだ。

明治以降の日本は西欧文明の導入によって急速に近代化が進んだものの、それによって地縁や血縁によるコミュニティが急激に衰えたり、消えたりするようなことはなかった。それには日清戦争、日露戦争、太平洋戦争といった大戦を日本人が経験したこともある程度影響しているように思われる。

戦争という危機的な状況のなかで生き延びようと思えば、一人で生きていくのはとても不安である。自分の身を守り、命を守るには家族や地域のコミュニティに依存せざるをえないし、死への不安も強くなるので子孫もなるべくたくさん残そうという気持ちになる。戦争が絶えずあったからこそ従来のコミュニティは必要とされ、そう簡単に消えることがなかったということは否定しがたい。

だから、日本が戦後平和憲法を掲げてから七〇年平和が続いていることと、コミュニティの崩壊が加速したことは関係があるように思われる。

いまという時代は、日本の歴史上、もっとも人間にとって孤独を感じさせる環境にあるのかもしれない。仮に孤独の度合いをはかるものさしがあるとすれば、急速に近代化された明治期の人間は江戸時代の人間より孤独度が強いだろうし、現代人は明治の人よりもさらに孤独度を増しているだろう。

現代人の孤独度は、もう目盛りがほぼ一杯に振り切っているような状態なのではないか。孤独は時代の病であり、社会の病になってしまった。それを私は「孤独病」と呼びたい。

無菌社会が「孤独病」を生み出す

マスコミから注目されている若手のある社会学者が以前テレビ番組で、「子どもって汚いと思っちゃうんです。遊び回っているし、手も洗ってないかもしれないし、鼻水とかばい菌とか……」といったことを平然と話していた。それを見て私はのけぞりそうになった。この学者は恋人とのキスとか、性行為とかも「汚い」と感じてしまうそうだ。そのため、けっしてモテないというルックスではないのに恋人もあまりいたことがないという。

じつはこういう強迫的な傾向を持った人がいまとても増えている。その背景には、社会が自然を排した人工物だらけの環境になったこと、そこをさらに衛生思想が隈《くま》なく覆い尽くすことで、汚いものや異物を徹底して除こうとする風潮が強くなったことがあると思う。

どうも、最近の人は無菌状態の環境で育ってきたせいか、メンタルの面でもきれいでいたい、汚れたくないという気持ちが強いようだ。

だが、人は生きていく限り、他者と関わらざるをえない。他者と関わることで自分自身が傷つけられたり、汚されたりするのは避けがたい。こと男女のつながりはいきつくところ、肉体の交わりが伴うから、相手の体液や汗や血が自分に付着するのはきわめて自然なことである。

心や体が汚れたり、傷ついたりすることは、すなわち生きることそのものといってもよい。そのことを受け入れられなければ、最終的には他者を拒絶する孤独な生き方をすることになってしまうだろう。

最近の若者は、自分が傷つきたくないから人と深く付き合おうとしないとよくいわれる。しかし、それはいい換えれば、純粋でいたいと思っている自分の心を汚したくないということではないだろうか。

そういう傾向を持った人は、他人が自分のテリトリーに入ってくるのを基本的に嫌がる。それが原因となってなかなか結婚という共同生活に踏み切れない人もたくさんいる。人と一緒に暮らすということは、自分だけのペースでは生きていけないということだ。自分が起きたいときに起きて、寝たいときに寝て、食べたいときに食べるというわけにはいかない。それが嫌でどうしても一緒の生活を受け入れられないのである。

強迫的な傾向がある人は、汚いものや異物は外からやって来ると思い込んでいるところがあるが、そのイメージにはそもそも誤りがある。

自分では純粋だと思っている心のなかには、すでに邪《よこしま》なものや汚いものが必ずあるからだ。どんな聖人君子であっても、心のなかに善とは反対のものを持っている。

体にしても、しょっちゅう石鹸《せっけん》でごしごし洗っていれば、きれいな状態を保てるというものではない。皮膚はすぐ垢《あか》が溜《た》まるし、排泄《はいせつ》行為も頻繁にしなくては死んでしまう。体内を超高精度の電子顕微鏡で覗《のぞ》けば、血液や臓器のなかには無数の細菌やウイルスが存在しているはずである。そうやって異物と共存することで、人間は健康を保ったり、命を長らえたりしているのだ。

まったく穢《けが》れのない心と体を持った人間など、この世に一人としていないのである。

強迫的な傾向が強い人を精神分析すると、自分のなかに汚れたものがあるという無意識の恐れを抱いていることが多い。それを外側に投影して、他人のほうに汚れや穢れがあると思い込むのである。

では、無意識に抱く汚れたものとは何なのか？　それは無意識に潜む性衝動や攻撃衝動だったり、何らかの罪の意識だったりする。性衝動や攻撃衝動は半ば本能に根差す自然なものだが、なぜかそれを汚らわしいものと思うのである。

レイプされた女性が強迫性障害を発症することがあるが、これは犯されることで自分が穢れを持った罪ある存在になったかのような気持ちになるからだ。その穢れを振り払おうとして風呂場で体を何時間もかけて洗うようなことをするのである。

強迫的な人は、非常に完璧《かんぺき》主義でともかく何事もきっちりしていなくては気がすまないという傾向が強い。オールオアナッシングで一〇〇点満点でなければ、ゼロ点でいいという極端さがある。間がまったくないのだ。

勉強を一生懸命やって偏差値の高い大学に入った人のなかには、わりとこのような強迫的な完璧主義者が多い。受験勉強というのは競争に勝つために、頭に入れた知識を何度も確認したり、重箱の隅をつつくような暗記をしたりして、できるだけ完璧を期さなくてはいけない。その繰り返しが体に習性のようになって染み込むと、強迫的になりやすいのである。

私の周りにいた医師にも何人かそういう傾向を持つ人がいた。とくに印象に残っているのは、外科の医局に研修医として入ったものの、強迫的な性格のせいで手術の前に何度も何度も手を洗うためなかなか手術室に入れず、執刀医の先生から「お前、何やってるんだ！」としょっちゅう怒られていた人だ。結局その人は医者ができなくなって引きこもりのようになってしまった。

知人から先日こんな話を聞いた。

満員電車に立って揺られていたら、隣にいる六〇歳くらいの女性が丸い手鏡を自分の後頭部にかざし、鏡の面をずっと知人に向け続けたそうだ。鏡にはときおり車内灯が反射してチラチラ目に眩《まぶ》しい。知人が気持ち悪くなって注意したら、ジロリと睨《にら》んで別の車両へ移動し、そこでもまた隣に立っていたおばさんに手鏡を向けていたのだとか。

その女性は髪がぼさぼさでちょっと異常な目つきをしていたという。精神を病んでいる可能性が高いこの女性にとって他人は邪気をまとった存在なのだろう。他人が放つ邪気、あるいは悪い生き霊のようなものが近づかないように外出時は手鏡を使って追い払っているわけで、自己防衛のための手段ともいえよう。

この女性が持っている手鏡に近いものを、じつは現代人は心のなかに多かれ少なかれ持っているのかもしれない。

自分の存在は他人と下手に交わることがなければ極力純粋でいられるという思いから、他人がもたらす汚れや穢れを排除しようとする心理。そして、その心理を増幅してやまない人工社会とそこに広がる過度な衛生思想。孤独と表裏にある、純粋でいたいというメンタリティはこれらの副産物にほかならないのである。

ゴミ屋敷の住人は社会に復讐《ふくしゅう》している

強迫的な人は異様なほどの清潔志向を持つが、それと対極にあるのがよくテレビなどで取り上げられるゴミ屋敷の住人だろう。ゴミ屋敷の住人というのは孤独病にかかった典型例のように見受けられる。

最近では名古屋のゴミ屋敷の主人が頻繁にマスコミの取材を受け、話題になった。主人のマスコミへの対応にサービス精神があって面白いのか、連日多くの報道陣が押し寄せた。休日ともなれば、大阪や九州など地方からわざわざ見物しにくる人がいるほどの名古屋の新名所になった。ゴミ屋敷とはいえ、ゴミがあふれんばかりに詰め込まれたその大きな箱は、名古屋市内の一等地にある鉄筋三階建ての立派な家である。

主人である男性は大学を出てから父親が経営する会社で働いていたそうだが、いまは無職で仕事で貯《た》めたお金と父の遺産で暮らしているという。家のなかは外で拾ってきたさまざまな廃棄物やゴミでぱんぱんの状態になり、しまいには家のなかに入ることができなくなってしまった。そのため玄関前にうずたかく積まれたゴミの山の一角を空けてそこで生活している。ゴミは歩道まで大きくハミ出し、地元の小学生たちの通学の妨げにもなっている。そのため市は片づけをするよう男性に強く勧告を繰り返したが、男性は一向に片づけることをせず、結局強制執行により歩道の邪魔になっているゴミだけが撤去されることになった。

マスコミの取材に対し、男性は「みんな俺《おれ》の家をゴミ屋敷呼ばわりしているけど、ゴミでなく資源。だから資源屋敷なんだ」と話している。男性のインタビューにおける受け答えを見ていると、そんなにおかしな感じはしない。ゴミであふれかえったゴミ屋敷の光景ほどに男性の人間性が破綻《はたん》しているようには見えない。その落差がまたマスコミ受けしている一因かもしれない。

それにしてもゴミ屋敷の住人はなぜこれほどのゴミを溜め込むのだろうか。

ゴミ屋敷の住人の脳をＭＲＩで調べてもとくに異常は認められないことが多い。必ずしも脳機能に何らかの障害をきたしているというわけではなさそうだ。

あるゴミ屋敷の住人はテレビのインタビューで、「同居していた母親を亡くしてからゴミを拾ってきては家に溜めるようになった……」と話していた。このように家族と死別したり、あるいは会社からリストラされたりしたことがきっかけで一人暮らしを始め、ゴミを拾い集めてくるようになったケースは実際多いようだ。ある時点から彼らの時計は止まってしまっているようにも見える。

結局、ゴミ屋敷の住人というのは大きな孤独感や不安を抱え、それを埋めようとしてゴミを溜めているのではないか。

これは典型的なセルフネグレクトだろう。セルフネグレクトとは、普通の生活を維持していくための意欲や能力を喪失し、自分の健康や安全を損なうことをいう。極端なケースになると、食事をとらず、病を抱えていても医者にかからず、ゴミだらけの不衛生な環境で生活する。最後は孤独死することとさえある。自分の身を構わなくなることで自分の死を迎えることをどこか期待しているという点で「緩慢な自殺」ともいえるだろう。

彼らは周りから苦情を寄せられているので、自分がやっていることが他人の迷惑になっていることは認識している。だからといって、そのことへの謝罪や後悔の気持ちを抱くことはさらさらない。それは、彼らがゴミをゴミとまったく思っていないからだろう。前述のゴミ屋敷の男性のように貴重な資源だとか、リサイクル業者などに売れる商品だとか思っている可能性が高い。

孤独感や不安を埋めるものが、客観的に見れば何の価値もないゴミというのは非常に奇妙だが、それに本人が何らかの価値を見出《みいだ》しているからこそ、彼らの孤独や不安を埋めるものになりうるのだろう。

また、ゴミ屋敷の住人は、セルフネグレクトをすることで家族や社会に無意識に復讐しているのではないか。「あそこの家族はあんな状態になっても何もしない」と家族が非難されたり、社会が迷惑したりしているさまを見ることで、かえって満足を覚えているのだと思う。そのことも彼らが迷惑をかけて申し訳ないという気持ちにならない一因ではないだろうか。

曲がった背中が真《ま》っ直《す》ぐになったゴミ屋敷の住人

テレビのバラエティ番組で以前、お笑い芸人がゴミ屋敷を訪問し、住人である女性と一緒にゴミを片づけるという企画をやっていた。片づける期限を一週間と決め、毎朝お笑い芸人がゴミ屋敷に通うのである。途中、ゴミの山のなかから大量の証券が出てきて、昔証券会社の人間に詐欺に近い騙《だま》され方をしたことが明らかになった。

この事件がきっかけで女性は他人や社会に不信感を抱き始め、自分を孤独な精神状態へと追い詰めていったのかもしれない。それを埋めるものが、ゴミを拾い集めることだったのではないだろうか。

お笑い芸人の奮闘で最後はかなりきれいになった。何よりも興味深かったのが、最初は大きく曲がっていた女性の背筋が、ゴミが片づいてきれいになったらピンと真っ直ぐ伸びたことだ。顔の表情もはじめは鬱々《うつうつ》と暗い感じだったのが光が差したように明るくなった。どうも、芸人と一緒にゴミの片づけをしたことが、強いセラピーになったように見受けられた。家族や社会からないがしろにされていた自分のためにお笑い芸人が多くの時間とエネルギーを使って気にかけてくれたことが、女性の精神状態に大きな変化をもたらしたのではないか。

孤独な人にとって自分のことを気にかけてくれる他者がいるのは、ものすごく大事なことだ。子どもは仕事で都会に出てしまってまったく連絡もくれないとか、隣近所の人は会ってもろくに挨拶《あいさつ》してくれないという状態で、本人が見捨てられてしまったように受け止めていると、孤独病はどんどん悪化していくのである。

ゴミ屋敷とまでいかなくても、部屋が衣類や雑誌や食品のゴミで足の踏み場もないほど散らかっているくらいのレベルであれば、相当な数の人がいるだろう。断捨離など掃除をテーマとする本がよく売れるのは、裏を返せば片づけられなくて困っている人がそれだけたくさんいるということだ。

最近は片づけられなくて汚くなった自分の部屋をテレビやネットで公開するタレントもいる。バブル期にセクシータレントとして活躍した岡本夏生さんもその一人だ。

彼女はバブルの時代、使い切れないほどの収入があったそうだ。あるときにはパリへ行って七個のトランクに詰めなければならないほどブランドものの衣類や靴を買いまくり、一度に二〇〇〇万円も使ったことがあったという。そうやって当時買い漁《あさ》ったブランドものの靴や衣類が高級マンションの部屋にゴミのように散乱しているのである。

収拾がつかないほど散らかっているのは、衣装部屋などの特定の部屋だけではない。散乱の洪水はリビングからキッチンまであらゆる部屋に広がり、廊下をつたって玄関フロアまで押し寄せているありさまだ。ちなみにこれまで恋人ができても自分の家に上げたことは一度もなかったらしいが、その理由は家があまりにも汚くて見せることができなかったせいだとか。

ゴミ屋敷に比べればかわいいものだが、それでもこれだけ汚いと普通の感覚を超えたすごさがある。ただ、そこからゴミ屋敷のような極端なことにはならないのは、彼女がタレント活動をしており、社会と十分な接点があるからだろう。仮に孤独感をどこかに抱えていても、それによって多少とも埋め合わせることができるのだ。

家が片づいていてきれいか、あるいは散らかっていて汚いか。

そのことはそこに住む人の孤独度をはかる一つのバロメータになるに違いない。一人暮らしの人は自分の精神状態をはかるものさしの一つとしてチェックするといいだろう。あるいは、あなたが家族や親戚、友人などの家へ行って、「ああ汚いな」と感じることがもしあれば、その人を精神的にケアしてあげる必要があるかもしれない。

孤独死は〝究極の孤独〟なのか?

以前、ある女優が自宅で一人死んでいたのを死後何日か経《た》ってから発見され、マスコミから「孤独死」と騒がれたことがあった。

孤独死という表現には、救いようのない寂しい響きがどこかある。だが、死ぬときはみな一人だから、孤独でない死などそもそもないだろう。仮に心中であっても仲良く手をつないで死後の世界に行けるわけではない。物理的には自分の横に同じように死んでいく人がいるだけの話であって、一人で死ぬことには変わりない。

一般に孤独死とは、家族、友人、知人の誰にも看取《みと》られず、孤独な状況で死んでいくことを指している。そもそも孤独である死にさらに「孤独」をつけて強調するのは、孤独というものが基本的にネガティブにとらえられているからだろう。孤独には当然プラスの面もあるのに、それはほとんど顧みられないのである。

著名人が孤独死すると、独特の騒がれ方をされるのは、みなどこかで自分もああいう死に方をするかもしれないという恐怖感を抱えているからではないか。最近の内閣府の調査(平成二七年)によると、一人暮らしの高齢者で「孤独死を身近に感じる」と答えた人の割合は四割を超えている。

それこそ、日本人の多くが三世代にわたる大家族で一緒に暮らしていたような時代であれば、自宅の畳の上で家族の誰かに看取られて亡くなるという安心感のようなものがあったかもしれない。

だが、いまはほとんどの人が病院で亡くなる時代だ。病院では家族や友人が駆けつけてみなが見守るなかで息を引き取る人もいるし、いつの間にか亡くなっているのを巡回中の看護師などが気づくこともある。

病室で家族や友人などに囲まれながら死ぬにしても、それはそれで余計に孤独を感じるのではないかということをあるタレントがラジオで話していた。そのタレントいわく、親しい家族や友人たちを目の前にして一人旅立っていくわけだから、周りに誰もいないまったく孤独な状況で死ぬより、かえって切ない寂しさを感じるのではないかと。たしかにそういう面はあるだろう。

いずれにしても、死というのは万人にとって絶対的な孤独であることは間違いない。孤独死は、絶対的な孤独である死をさらに孤独な状況で迎えるからこそ、このうえなく悲惨なものとして恐怖の対象になるのである。

それにしても死はなぜこれほど忌み嫌われるのだろうか。

一つには現代では死というものが、私たちの視界から隔離されているからではないか。死はいまや病院の閉ざされた空間のなかでしか見られないものとなってしまった。死が身近なところにない現代人は、死に対する免疫を培えない環境のなかで生きているのだ。

近代化される以前の社会には、それこそ文字通りの野垂れ死にがいくらでもあっただろう。道を歩いていたら、なぜ亡くなったのかわからない行き倒れのような死体と偶然出くわすなんてこともしばしばあったに違いない。医学がそれほど発達していなかったので、子どもの死亡率は非常に高かったし、大人でもちょっとした病気であっという間に死んでしまっていた。死は、人々にとって現代では想像しがたいほど身近なものだったはずだ。

インドへ長期間行ってきた人は、彼《か》の地では人の死がごく身近なものだということをよく話す。たとえば、沐浴《もくよく》で有名なガンジス河の畔《ほとり》には死期を悟った巡礼者がインド中からたくさん集まってくるそうだが、彼らが路上に腰かけたまままいつの間にか息をひきとっても悲愴《ひそう》感は感じられないそうだ。

もっとも、一七世紀のフランスの名門貴族、ラ・ロシュフコーが『箴言集《しんげんしゅう》』で「人間が死を見られないのは、太陽を見られないのと同じことだ」といっているように、死が昔から恐怖の対象であったことには変わりない。そんな死に対する恐れをやわらげるために、人類はさまざまな宗教や文化的儀礼をつくり出したのだ。

ただ、死に対する恐怖や不安といったものは、死が自然な姿であった昔と、反対に異物として忌み嫌う現代とではかなり違ってくるだろう。

たとえば、いま流行《はや》りのアンチエイジングなどは突き詰めれば、死への強い恐怖が根底にあるのではないだろうか。若さをいつまでも維持したいと願って努力するのは、死までの距離を少しでも長くしたいからだ。だとすれば、アンチエイジングブームというのは一過性のものではなく、超高齢化社会の時代にあって末永く続いていくことだろう。

アンチエイジングが流行しているのは、頑張って努力すれば、健康な状態でいつまでも生き続けられるという幻想を抱いている現代人が多いからかもしれない。私の知り合いの医師は「いまの人は人間が死なないものだと思っているようで困る」と嘆いていたが、最近は生に対する根拠のない万能感を抱いている人がけっこういるのである。

生をコントロールできるのなら死もコントロールできるはずという幻想を抱くのは、医療の高度な発達により生の自然性があまり感じられなくなってきているせいでもあるだろう。生の自然性が希薄になれば、死の自然性も同じく希薄になる。生きるということが、あまりにも人工的な環境に覆われすぎてしまったのである。

ラテン語で「メメント・モリ」という言葉がある。「死を想《おも》え」という意味合いだが、この言葉の通り、死というものは逃げないで正面から見るべきだと思う。死を想うことは結局、かけがえのないいまを大切に生きることにつながるし、自分本来の可能性に気づくきっかけにもなるのだから。死を恐れるあまり、死から目をそらして生きることは、結局は死への恐怖を増大させることになるのではないだろうか。

中世ヨーロッパでは、メメント・モリをテーマにした死神や骸骨《がいこつ》が登場するキリスト教的な芸術作品が数多くつくられた。戦争、飢餓、そしてペストの大流行によって、中世は人々が日常的に死を意識して暮らさざるをえない時代だったのだ。とくにペストはワクチンなどの有効な治療法もなく、一度かかれば高熱と下痢が続き、最期は皮膚が黒く変色して死んでしまうという恐ろしい病気であった。最大の流行がヨーロッパを襲ったときは飛《ひ》沫《まつ》感染によってヨーロッパ全土に爆発的に広がり、その全人口の三割が死んだと推定され

ピーテル・ブリューゲル《死の勝利》油彩　117×162cm　プラド美術館蔵
16世紀中葉に活躍したフランドル（現在のベルギー西部を中心とした地域）の画家、ブリューゲルによる作品。死の擬人像である骸骨姿の死神が多く登場し、死に彩られた中世を生々しく感じさせる。

ている。

中世ヨーロッパの人たちは死を見つめることで、キリスト教的な来世に想いを馳《は》せることもあったに違いない。

一方、現代日本に生きるわれわれの多くは宗教的背景を持っておらず、死を見つめることは絶対的な孤独を見つめることでもある。

死を想うことで孤独が本質的に持っている意味を自分なりに感じてみる。たやすくはないが、そこから学ぶものはけっして小さくないはずだ。

匿名社会における孤独

現代の孤独は、「匿名性」というものを抜きにしては語れない。この社会は匿名社会であり、そのことが間違いなく孤独病を広げているように見えるからだ。

たとえば、ネットというのは、個人が匿名の存在でありながら自分の考えや思いを主張できる特殊な空間である。2ちゃんねるのような掲示板やブログへの書き込み、商品やサービスへのレビュー投稿等々、多くの人がふだんとは違う表情でさまざまな発言を行い、意見を主張する。

このような光景を見るにつけ、人には属性が問われない匿名の存在になることへの強い欲望があるんだなと思う。

匿名の存在というのは、名前も顔も明かさないところで、ひたすら存在感だけを主張してくるような〝存在〟である。どこの誰かということを誰も知らない点では孤独な存在だが、誰と特定されないがゆえの勝手な自由さがそこにはある。

それにしても、誰もがネットを通してこれほど自由にかつ積極的に匿名の存在になることができ、自分の考えや思いを大勢の人間に対して発信できる社会の出現は、歴史的にきわめて特異なことではないかと思う。人類はその歴史のほとんどを、互いの顔をはっきりと認識できる小さなコミュニティのなかでずっと生きてきたからだ。

人が匿名性を帯びた存在になっていくのは、近代以降、都市社会が出現してからだ。都市には地方から大量の人間が流れ込み、目的を持たない群衆が街を闊歩《かっぽ》した。群衆という存在は匿名の人間の集まりだが、それによってまた新しい孤独が生まれたのである。

ドイツの思想家であるヴァルター・ベンヤミンは、「ボードレールは孤独を愛したが、彼が求めたのは群衆のなかの孤独であった」ということをいっている。だが、群衆のなかの孤独を求めたのはボードレールだけではないだろう。互いの顔がはっきりわかるコミュニティでの不自由な人間関係を疎ましく思い、そこから逃れて都市をつくった人間たちはみな群衆のなかの孤独を求めたのではないだろうか。そこにはそれまで味わったことのない匿名の存在になることへの快感があったに違いない。

同じ群衆でも、ネット空間のなかの群衆には、それ以前の群衆と明らかに違う点が認められる。匿名性の自由や解放感を謳歌しながら、他人からの賛同や拍手喝采《かっさい》を求める承認欲求が強いことだ。こうした感覚はいまやネット内にとどまらず、社会全体にまで広がりつつあるように見受けられる。

その一端を表しているのが最近の暴走族だ。暴走族といえば、地元の名前など、こだわりのグループ名を記した特攻服を着用して爆走する姿が思い浮かぶが、最近はグループ名を持たない「名無し」の暴走族が増えているらしい。彼らは無料通信アプリ「LINE」で連絡を取り合い、来られる人だけが集まって走行する。格好も自由だし、グループを引率する明確なリーダーもいない。従来の暴走族のように先輩、後輩の上下関係がきびしいのも、内輪のルールに縛られるのも嫌なのだ。「いまどきチームに入るなんてダサい」というのが彼らの感覚なのである。

匿名の存在になることで、欲望を悪いほうへ向かわせることも少なくない。それはネットの掲示板などを読むとよくわかる。

もう一五年ほど前のことになるが、アスキーの創設者である西和彦氏が「1ch.tv」という掲示板をプロデュースしたことがあった。2ちゃんねるに対抗する掲示板として、「人にやさしい掲示板」という理念と「知価創造化社会」の実現という目標を掲げてスタートしたものの、出だしから鳴かず飛ばずでいつの間にか消滅してしまった。玉石混淆《こんこう》のネット情報のなかで、本当に必要とされる有益な情報を資産として活《い》かせる場所を目指したのに、ほとんど見向きされなかったようだ。

人間の醜さの見本市のような2ちゃんねるが性悪説を前提としているなら、1ch.tvは性善説を前提としているような趣があった。2ちゃんねるがこれほど絶大な人気を博しているのに、片や1ch.tvがネットユーザーからほとんど無視されるという扱いを受けたことは、匿名の存在になることで自分のなかの毒や悪いものを吐き出したいというどす黒い欲望を多くの人が持っていることを白日の下にさらしたのではないだろうか。

たとえば、芸能人やスポーツアスリートなど著名人が何か問題を起こすと、それに対するネット内のバッシングはものすごい。そこには人を貶《おとし》めて相対的に自分を上げようとする欲望が見え隠れしている。現実世界ではいま一つ報われなかったり、孤独だったりする心が束の間満たされた気分になるのだ。

だが、そうやって人が嫌がることをさんざん吐き出してそれで幸せになれるのだろうか？　少なくとも、当人たちはそうすることで本当に相対的に自分の幸福度が上がると思ってやっているのだろうが、そんなことをしても現実に幸せになれるわけではない。

人をネットで叩《たた》いて満足している分にはまだいい。なかにはネットのなかだけではうっぷんを晴らせず、現実におかしな行動をしでかしてしまう人もけっこういる。

先ごろ、不動産会社を経営している五六歳の男性が電車の線路に一升瓶を何度も置いて捕まった事件があった。供述によると「幸せな人を見ると邪魔したくなる」というのが動機だったそうだ。男性は数年前に父親からいまの仕事を急に引き継ぐことになったのだが、馴れない仕事ゆえにストレスをかなり溜め込んでいたという。また、数年前から文字を書くときに手が震える書痙《しょけい》に悩むなど、八方ふさがりの状態にあった。この男性がネットを習慣的に使用していたかどうかは定かでないが、おそらくこれだけのストレスを抱えていれば、ネットではとても間に合わないに違いない。

さらに、不特定多数の人を故意に攻撃する事件が最近は多発している。都内の三二階建ての高層マンションから水の入ったペットボトルを落下させ、下を歩いている通行人に怪《け》我《が》を負わせた一六歳の少年。高速道路を走行中の車に向かってこぶし大の石を投げ、複数の車のフロントガラスを割った中年の男性。彼らはいってみれば、攻撃対象を選ばないプチ通り魔のようなものだ。

報われないという思い、あるいは誰からも認めてもらえないという欲求不満ゆえに、他人を悪《あ》しざまに叩いたり、故意に他人に迷惑をかけたりして満足を得る。実際には、そのような行為は結局その人をますます孤独な状況に追いやるだけなのに、現実的な判断ができなくなってしまうのである。

ただ、功罪相半ばするのがネット空間だということは、忘れてはならない。ネットによってくすぶっている欲求不満や悪感情が多少ともガス抜きされている反面、ますます負の感情を増幅させ、ときにはそれを現実の世界で発散してしまう人が少なくない。

新たな悪を次々と生み出し、孤独病を一層悪化させる。私たちが生きているこの匿名社会には、そのようなリスクもあることを認識しておく必要があるだろう。

第二章　「孤独病」の構造

自我を持つことが孤独の出発点

人はなぜ本来孤独な存在なのか？　そして孤独を埋めるためにどのような心理的操作を行うのか？　本章では、孤独の構造を「自己愛」「自己承認欲求」「万能感」といったキーワードから見ていくことにしよう。

人が一生のうち孤独を感じずにすむのは赤ん坊のときだけだ。なぜなら赤ん坊には他者と自分を分ける自我がないからだ。自我がないから当然孤独など感じようがないのである。

母親がいなくなると赤ん坊が泣くのは、もちろん孤独感に襲われて悲しくなるからではなく、不安と恐怖にかられるからだ。自我を持たない赤ん坊には、いつも側《そば》にいる母親と自分が対になっているような感覚がある。母親が自分の側からいなくなると、赤ん坊は自分自身の存在が脅かされるように感じて、とてつもない不安に襲われるのである。

そんな赤ん坊も成長して二歳、三歳くらいになると、自我が徐々に芽生え、それまではなかった他者と自分の間の境界線がはっきりしてくる。そして思春期のころまでに自我の大まかなフレームが確立される。だが、自我を持つことと引き換えに人は孤独という感情と無縁ではいられなくなる。自我とは「自分という人間は一人で存在している」という当たり前の意識のことでもあるからだ。

自我があるから人は孤独になる。孤独は、自我を持つ人間であれば避けることのできない宿命なのだ。

孤独感を抱えている人がいまとても多いのは、自分という人間を変えたいとか、成長させたいといった自己啓発モードの人が非常に増えていることとも関係していると思う。「自分さがし」もその一つだ。

自己啓発はいわば〝ひとり宗教〟のようなもので、いったんはまると際限がなくなる。「一億総自己啓発」といった空気のなかで、現代人は自分と向き合う時間が昔よりもずっと長くなっているに違いない。

ところが自我というのはタマネギみたいなもので、「私って何なんだろう?」と皮を剝《む》いていっても結局幾重にも皮が重なっているだけで最後には何もないのである。どんどん自我を掘り下げていって突き抜けると、おそらく仏教の〝無〟のような場所に出るのではないか。

同様に自我が表出する人格というものも、一つだけではなく、幾重にも重なり合っている。

会社で見せる人格、家族に見せる人格、友だちに見せる人格、恋人に見せる人格……というふうに、一人の人間が見せる人格は相手によってそれぞれ違うはず。人はたくさんの人格を人間関係や状況に応じて使い分けながら生きている。すなわち、たくさんある人格のなかで、これこそが「本当の自分」というものはないのである。

そう考えると、自分さがしのように自我を見つめ、それを掘り下げていくことはある程度は必要にせよ、ちょっと間違えると「何もない自分」という底なしの孤独にはまり込んでしまう危険性をはらんでいることがわかる。

いっときカリスマ的な人気を誇ったサッカー選手の中田英寿さんは、現役引退後自分さがしの旅に出るといって、まだそこから戻ってきていないように私の目には映る。自我を掘り下げていって、そのことで一層迷いを深めてしまっているのかもしれない。

「小人閑居して不善をなす」という言葉があるが、人は暇で考える時間がたくさんあるとろくなことをしないものだ。考えごとをすれば、どうしても自分のことをあれこれ思うもの。自分のことを考え出すと、当然マイナスのこともたくさん出てくる。それを追っているうちに収拾がつかなくなることもある。

なので、現実にやることがいろいろあったほうが、あれこれ思い煩わずにすんでいいのではないだろうか。ものを思う時間をつくりすぎないこと。それもまた無限の孤独に陥らないための一つの手である。

近代的自我がパンドラの箱を開けた?

自分という人間をじっくり見つめ、自分の存在についてあれこれ考える。あるいは自分の足りないところを考え、よりよいほうへと自分を変えていこうとする。はたまた、いまの自分に満足できなければ、より納得のいく自分をさがし求める。

人がこういうタイプの自我を持つようになったのは、じつはけっこう最近になってからである。自分を見つめるのは誰でも自然にすることだと思う人も多いだろうが、近代より前の人たちはけっしてそうではなかった。

夏目漱石《そうせき》の小説には、高等遊民といって高い学歴を持ちながら定職に就こうとせず、とりたてて何もせずブラブラと暮らす人たちが頻繁に登場する。世間からは優雅な生き方に見えるかもしれないが、彼らは自分という存在に懐疑の目を向けており、人知れず葛藤《かっとう》している。持て余すほど時間があるから、なおさら自分というものをぐだぐだと考え続け、泥沼のような思索から抜け出すことができない。

このように、生きるとは何か？　自分という人間は何なのか？　といった内面を掘り下げていく自我のあり方は、商業資本主義が台頭し、市民社会が出現してくる社会構造の劇的な変化のなかで新しく出てきたものである。

それまでは地縁や血縁を中心とした小さなコミュニティのなかで、自我は他者と濃密につながっていた。だが、社会構造の激変によってコミュニティが衰退し、地縁や血縁のつながりが断ち切られたことによって、個人はむき出しのまま社会に放《ほう》り出されることになったのである。

漱石が生きていた時代は旧来のコミュニティがまだ色濃く残っていたが、漱石の小説に登場する高等遊民はみな地縁や血縁のしがらみを敬遠し、それらから浮いた存在として描かれている。旧来のつながりを断ち切った存在は好むと好まざるとにかかわらず、自分というものと向き合い、自分について考えざるをえないのだ。


自分の内面を見つめる近代的自我というものは、このような社会の構造的変化によって生み出された。

同時に、自由と気楽さを求める個人が地縁、血縁のしがらみの煩わしさから逃れようとして、共同社会の絆《きずな》を積極的に捨ててきた面があるのもたしかだ。自由で気楽な生き方を求めてきた代償として現代的な孤独はあるのであって、「自由な生き方を捨てるのは嫌」「孤独も嫌」というのはちょっと虫のいい話かもしれない。

自己愛が孤独を増幅させる

自我について語るときは、それと不可分の関係にある自己愛についても触れる必要があるだろう。

自我があるということは、当然誰しもその根っこに自己愛を持って生きているということだ。自己愛は人が生きていくためのエンジンのような役割を持つが、同時にそれがあるために人間関係において面倒なこと、厄介《やっかい》なことを起こす原因にもなる。自己愛をどういう方向に向けるか、あるいはそれをどう抑制するかによって、人間関係は変わってくる。

孤独病にかかる人は概して自己愛のベクトルが強い。自己愛が強いほど自分のほうばかりに目が行き、他人のことには関心が持てなくなる。そうなると他人との関係は深まらず、孤立の傾向を強めていくことになる。自己愛の誤使用は、孤独を増幅させることにつながるのである。

ジークムント・フロイトは、リビドーという性的エネルギーが対象に向かわないときに自己愛が強まるといっている（中山元編訳「ナルシシズム入門」『エロス論集』ちくま学芸文庫より）。たとえば虫歯にかかったとき、人は痛みのあまり自分のことしか考えられない。すなわち、自己愛が歯に集中するわけで、そういうときの状態はまさに孤独である。


自己愛はさまざまな形で表出される。

たとえば、ネット空間はそんな自己愛であふれかえっている。ツイッターやフェイスブックによくアップされている、自分で自分を写すいわゆる「自撮り」写真なんかは、典型的な自己愛の表現だ。

頻繁に自撮りを載せる人は、自分が気に入る写真が撮れるまで何十回と撮り直しをするという。

以前テレビ番組で、ブログ用の自撮りにこっている四〇代の主婦が取り上げられていた。その女性は若いセレブ風の女性に見られたいとかで、メイクやシチュエーションづくりに毎日けっこうな時間をかけていた。反応に気を良くしてどんどんエスカレートしていくさまが興味深く映し出されていた。女性は男性よりも、このようにできる限りきれいな自分、かわいい自分を見せたいと思うので、自撮りに時間をかける傾向が強いようだ。

なかには、こんな自撮りがあるのかと意表を突くような究極の自撮りをやって話題になっている人もいる。

『妄想彼女』（鉄人社）という奇妙な小説＆エッセイ集を出して、一部で話題となったフリーライターの地主恵亮さんである。

『妄想彼女』の内容は、彼女との運命の出会いに始まって、デート、結婚、出産、子育てに至る二人の幸せな日々を綴《つづ》った私小説風ストーリー。合間合間に二人の仲睦《むつ》まじいやりとりを写した写真が掲載されているが、彼女はどれも手などの体の一部しか写っていない。それもそのはず、じつはこの写真、すべてがネット上で発信してきた自撮りで、〝彼女〟はどこにも実在しないのだから。彼女と運命の出会いをしたという合コンでの乾杯の風景、デート中のキス、カフェで彼女に甘えてスイーツを食べさせてもらっている写真……どれもじつにリアルな写真だが、すべてこれらは自作自演。片手をファンデーションで白く塗り固め、爪にマニキュアをほどこして〝彼女の手〟をつくるなど、自撮りの舞台裏は涙ぐましくてけっこう笑える。

本人いわく、二〇代後半まで彼女がいない非モテ系の人間がネット上でリア充（恋人や友だち付き合いに恵まれ、現実の生活が充実している人のこと）とみなから思われたい一心でこのような「一人デート」の自撮りを続けてきたそうだ。いまどきの孤独は、自虐ネタの対象にもなるのである。

自撮りをする人たちの孤独

ところで、自撮りをフェイスブックやツイッターに載せる人たちの心理とはどのようなものだろうか。

まずそこには他人から注目されたいとか、認められたいといった、自己顕示欲や承認欲求がしばしば潜んでいる。

人は自分の目線だけで自分のことを判断できない。他人が自分をどう見ているかという他人の眼差《まなざ》しが介在することで、はじめて自己確認ができる。だから、他人から承認されればされるほど自己愛は満たされ、自我は安定する。

ということは、頻繁に自撮りを載せる人は、自己愛が現実において満たされていないからそういうことをしているといえる。寂しさがどこかにあるから、それを埋めるべく自撮りにはまるのだ。家族や友人など周りの人たちとの関係において満たされているとか、仕事で周りから評価されているという「リア充」の人なら、自撮りにこるようなことはしないだろう。

こういう人たちは、ネット空間の向こう側にいる無数の人たちから「いいね！」と承認され、いっときでも自分の存在が認められたら救われる。ところが、「いいね！」の数が少なかったら、それでけっこう落ち込むのだとか。

そういえば、常時三万人以上の人から「いいね！」と支持されている人気ブロガーが、急に一万人くらい支持者が減ると自分のアイデンティティがぐらついて強い不安に襲われると話しているのを聞いたことがある。

思うように承認欲求が満たされなければ、さらに承認欲求を膨らませて起死回生をはかるべく過激なことに走る人もいる。きわどいヌードを撮ってみたり、高層タワーをよじのぼっている自分を撮影したり、普通なかなかできない恥ずかしいことや危ないことに挑戦してネット上の人気を集めようとするのである。

ネットには、それまでおとなしくしていた自己顕示欲や承認欲求を覚醒《かくせい》させ、際限なく増幅させる怖さがある。ドローン騒動を起こして逮捕された一五歳の少年も「ＹｏｕＴｕｂｅ」などの動画サイトに動画を載せ、拍手喝采を浴びたくてああなってしまったのだし、コンビニや外食チェーン店で不謹慎な悪ふざけしているさまを写真におさめてネットで流す若者たちも、自分たちを認めてほしくて仕方ないのである。もちろん、「一人デート」の自撮りをし続ける男性もそんなタイプの一人だろう。

だが、どんなにネットで自己承認欲求が満たされたとしても、リア充と肩を並べるのは難しいのではないか。だからこそ余計にエスカレートしていかざるをえないのだが、果たしてその先に、どのような風景が広がっているのか誰にもわからないのである。

自己愛が満たされていないネット右翼

自撮りにはまったりしないほどほどの自己愛の持ち主にも、必ず承認欲求や自己顕示欲はある。ただ、そういう人は承認欲求や自己顕示欲もそれほど強くはないので、それなりの承認を周りから得られ、そこそこのレベルで自己顕示欲を満たすことができれば、自己愛のバランスが崩れて孤独に陥るようなことはない。

よく芸能人やタレントが非合法のクスリで捕まって話題になることがあるが、この人たちはもともと自己顕示欲や承認欲求がとても強いタイプである。

彼らは自分の人気を絶えず気にしており、それが落ちてくると耐えがたい不安と孤独を感じる。そのため落ち込んだ気分を埋め合わせ、少しでも上げようとしてクスリに走る。実際、クスリで捕まる芸能人やタレントは人気絶頂のときではなく、たいてい落ち目になっているときに事件を起こしている。

だがクスリにしてもネットの自撮りにしても、満たされない自己愛が埋まるのは、ほんの一瞬だけである。束の間ではなくできるだけ長く続くものはないのか。宗教やカリスマ性を持った経営者のいる会社が、そんな欲求の受け皿になることも少なくない。

なかには国家を受け皿にする人もいる。いわゆるネット右翼と呼ばれる人たちがそうだ。自己愛が投影できる対象は大きくて持続性があるものほど、必然的に裾野《すその》が広くなるからだ。国のように大きなものは永遠に続くかのような錯覚を人に与えるので、なおさら魅力的に感じるのだろう。

だが、土台が不安定な自己愛が大きなものへ向かうのは危険だ。このことは、第二次世界大戦の際に天皇を現人神《あらひとがみ》として崇《あが》めた日本人や、ヒトラーに心酔したドイツ国民などを振り返ればよくわかるだろう。

それにしても、なぜネット右翼と呼ばれる人がこれほど増えたのだろうか。

先日も診察室で、生活保護を受けているという四〇代の男性患者からいきなり、「先生は日本人ですか?」と聞かれて驚いた。

ネット右翼の人たちは定職に就いていないとか、経済的に困窮しているという層が多いと思われがちだが、実際は必ずしもそうではないようだ。世間的には一流といわれる企業のサラリーマンや、中流のごく普通の家庭の主婦がネット右翼として活動していることもけっこうあるらしい。ただ、こういう人たちも結局、人間関係などの面でどこか満たされない思いを抱えているのだろう。

名前を聞けば誰でも知っている大企業に勤めている若手サラリーマンが念願の恋人ができた途端、それまでのめり込んでいたヘイトスピーチの行進への参加やネット右翼活動をピタリと止《や》めてしまったという話を聞いたことがある。この人は彼女がずっといなくてモテないことで孤独感を覚え、それが強いコンプレックスになっていたのではないか。

恋人ができたくらいで生き方が一八〇度変わるなんて？　と思う方もなかにはいるかもしれない。しかし、「モテる、モテない」ということは、こと男性にとってレゾン・デートル（存在価値）に関わる一大事なのだ。実際、診察室には、恋人ができないことに悩んで相談に訪れる男性がたまにいる。彼らは「これまでの人生がぱっとしないのは恋人ができなかったせい。もし恋人ができれば人生はガラリと変わるはずだ……」などと訴える。
一線で活躍している男性の歌手やタレントに「なぜいまの仕事を選んだのですか？」と

いう質問をすると、「女にモテたいため」という答えが返ってくることがある。別に芸能人に限らず、ほぼ同じような動機で仕事をしている男性は少なくはないはずだ。それぐらい異性からモテる、モテないということは、男性のレゾン・デートルに深く関わる重要な問題なのだ。

自撮りにはまる人、ネット右翼として発信する人……ネットは、満たされない無数の自己愛がゆるくふわっと回収されてしまう空間だ。そのなかで自己愛はまったりと培養され、孤独はじりじりと膨らみ続ける。この流れを止めることは誰にもできないのである。

万能感が膨らむ社会が招く孤独

孤独をひたすら深くさせるほどの強い自己愛を持ったタイプの人が増えているのは、そもそもなぜなのだろうか。

理由はいくつか考えられる。

まず一つには家庭の問題があると思う。昔は孫から祖父母まで三世代が一緒に暮らすような大家族の形態を持った家庭が多かったが、いまは核家族化と少子化が進んでいる。

大家族であれば、家庭で問題になっていることに対して子どもはいろいろな見方があることを学べる。たとえば、母親はああいうふうにいっていたけど、お婆《ばあ》ちゃんは違う意見だし、またよく出入りしている親戚のおじさんは別のことをいっていたなという具合に、一つのことにもさまざまな見方や考え方があることが自然と身につく。だが、核家族だと、母親だけの見方、あるいは父親だけの考え方がすべてといった単一の価値観ばかりにずっとさらされる。

つまり、大家族できょうだいも多ければ、ものの見方や感じ方はさまざまだということを前提に考えるから他者への想像力が鍛えられるが、核家族できょうだいが少ない環境で育つと他者への想像力が養われず、その結果自分にばかり関心が向かうことになりやすいのである。

二つ目は、教育の現場などで、能力はみな平等にあって頑張りさえすれば必ず夢や目標が実現するという、悪しき平等主義がはびこっていることだ。つまり、誰にでも大きな潜在能力があり、それをうまく開発しさえすれば可能性は無限だという万能感幻想のようなものが漂っている。「自分はすごいんだ」という万能感は、当然ながら自己愛を強く後押しする。

三つ目は、グローバルに広がる過剰な消費社会が振りまく幻想だ。この幻想を支えているのも、やはりまた人間に不可能はないという万能感である。

気になるシワはこの化粧品を使えばなくなる。衰えた男性機能はこれを摂取すれば若いころのように甦《よみがえ》る。肥満に悩んでもこのエクササイズをすればあっという間に驚くほどの減量ができる。英語ができなくても毎日ただ聞くだけでたった二カ月で話せるようになる。地球の反対側に住んでいる人間ともネットで簡単につながれる。3Dプリンターを使って自分の好きなオブジェがつくり出せる……。科学技術の高度な発展がこれからも続く限り人間には不可能なことはない。夢はいつかは叶《かな》う。私たちが生きている社会は、自己愛をくすぐる商品やサービスが次から次へと途切れることなく登場してくる万能感に満ちた社会なのだ。

四つ目として、第一章でも触れたように、この社会が自分とは違う異物を排除しようとする過度の衛生思想を浸透させた環境になってしまったことが挙げられよう。

この四つのなかでもっとも重要なのは、万能感だろう。万能感というものはこれからますます大きなキーワードになっていく気がする。万能感にあふれた人を見ればよくわかるが、万能感は前へ進むエネルギーに転化されることはあっても、後ろを振り返って反省する力にはならない。

そのため、万能感が膨らみすぎた社会は、原発事故に象徴されるように、失敗のリスクを深く考えない社会になる危険をはらんでいる。そんな体質を持った社会は取り返しのつかない環境破壊や経済的混乱を今後も引き起こしていくに違いない。

それにしても個人それぞれの万能感が大きくなるのは、才能というものにみなどこか幻想を抱いているからだろう。「潜在能力は無限」といった考え方にどこか惑わされているようなところがある。だが、才能を正確に理解していれば、本当は万能感など出てきようがないはずだ。当たり前のことだが、いかなる才能も有限なのだから。天才といわれるほどの才能であっても限界があることを忘れてはならない。

たとえば、普通の人がボールを速く投げることにものすごい努力をすれば、プロ野球のピッチャー並みに時速一五〇キロで投げることはできるだろうか？　もちろんそれは不可能だ。努力の仕方次第ではそれまで時速九〇キロだったのが一〇〇キロくらいにはなるかもしれない。だが、それはボールを投げる能力というものをフルに出し切ってそこまでなのだ。たかだか一〇キロ速く投げられるようになることは別に無限の才能ではないだろう。このようにスポーツや芸術に関する才能やセンスというものは、わかりやすい形となって表れる。だから、限界というものをまだ悟りやすいともいえる。

ところが、勉強に関しては、スポーツや芸術などとは比較にならないほど大きな幻想を抱いている人が多いように思う。勉強は幼いころから「やればできる」と親や先生からよくいわれたものだ。

スポーツができなければ何となく自分に才能がないからだと思うが、勉強ができなければ、「努力がまだ足りないせい」と思いやすい。これはなぜだろう？　それは社会のあり方がリテラシーを前提に成り立つ知的社会だからである。

より優れた社会へと発展するには、国民一人ひとりが絶えず努力をして読み、書き、計算などのリテラシー能力を磨かなくてはいけない。お金をよりたくさん得るには、知的により優れているほど有利になる。そのために勉強は才能ではなく、努力がものをいうといった物語がつくり出されたのだと思う。

だが、勉強にもスポーツや芸術と同じく才能は歴然としてある。語学は得意だけど数学はいくら勉強してもどうも点数が伸びなかった。そういう人は語学のセンスはあるが、数学の才能にはあまり恵まれていなかった可能性がある。

それなりの努力をしても勉強の成果が出ない。そのとき「自分にはいま一つ才能がないんだ」と自覚できれば、勉強を潔くあきらめてさっさと別の道に進むことができるだろう。

しかし、万能感にあふれた社会は、能力には限界があるという当たり前のことを潜在能力という言葉を持ち出すことでボヤけさせてしまうのである。

現代社会には、自己愛を後押しする強い力が絶えず渦巻いている。しかも、その流れはますます加速していく方向にあるように見える。自己愛にからめとられることで生じるリスクを避けるには、自分の自己愛がどんな形をしているのか、冷静に眺めてみる必要があるのではないだろうか。

謙虚と傲慢《ごうまん》は紙一重

現実における人格とネット上における人格が違う。そんな人はいくらでもいるだろう。現実の人間関係では抑えているしかないものが、ネットという匿名空間のなかではその必要がなくなって噴出するからだ。

自己愛から生まれる自己承認欲求も、その表し方が現実とネットのなかでは大きく違う。現実の人間関係で「私を認めてほしい」と自己承認欲求を露《あらわ》にするのは恥ずかしいが、ネットという匿名空間のなかではどこそこの誰という帰属意識が希薄になっていることもあって、それが遠慮なくむき出しになってくる。

たとえば現実では謙虚な人が、ネットでは別人格となって自己顕示欲を露にし、他人に何の配慮もないひどい物言いをすることだってあるだろう。

日本では「謙虚は美徳」とされている。これは、謙虚に振る舞うことが、共同体のなかで個人が出すぎた杭《くい》となって調和を乱さないために必要だからである。だから会社も含めさまざまなコミュニティ機能が衰退すると、謙虚に振る舞うことに神経を遣わない人が増えるのは自然な流れともいえる。

そうすると、いまのような社会環境において謙虚な人の多くは、謙虚になることが自分の得になるという計算があってそうしているのではないか。最近、若い世代に多い「いい人」にも、そういう計算が働いているのかもしれない。

「いい人」として謙虚に振る舞うのは、周りの人から嫌われて孤立したくないためのように私には見える。本心から謙虚であるわけではなく、孤立や孤独を恐れるあまり謙虚にしているような人のなかには本当は傲慢な人もいるだろう。

本来傲慢だけど謙虚に振る舞っている人というのは、「金持ち喧嘩《けんか》せず」で自尊心が満たされていることからくる余裕でそう振る舞うことができるのではないか。

大企業の社長というのは直《じか》に会うとほぼ一〇〇パーセントの人が腰が低いということを、あるベンチャー企業の社長が雑誌のインタビューで話していた。しかし、彼らが本当に謙虚なのかどうか、はなはだ疑問である。すでに周りや世間が認める高い地位にいるから、わざわざ威張る必要がないだけの話だ。傲慢に振る舞えば逆に「器が小さい」などと思われ、人からの評価が下がることがよくわかっているのだろう。

同じ経営者でも中小企業には、威張ったワンマン社長タイプがよくいる。こういう人は、世間の自分に対する評価が自分で思っているよりも低いことに不満を抱いている可能性が高い。つまり周りが十分に認めてくれていないという不満があるからこそ威張っているのである。

傲慢な人というのは、基本的に自己承認欲求が強くてそれが満たされていない人だろう。満たされていないことに対する怒りやコンプレックスから逆に他人に対して上に立とうとする気持ちが傲慢な振る舞いとして表れるのである。

なかには、元東京都知事の石原慎太郎氏のように社会から十分な評価を受けているはずなのに傲慢な印象を与える人もいる。

これはどういうことだろう？　こういう人にも自分自身に対する過大評価があるように見受けられる。つまり、他人が評価し、認めている以上に自分は本当はもっとすごいんだぞと思っているのである。

『箴言集』を著した一七世紀のフランスの名門貴族、ラ・ロシュフコーは「自尊心というものは誰しも同じように持っているが、その出し方が違うだけ」ということを書いているが、何で認められたいかでその人の振る舞い方はけっこう変わってくる。

美人だ、頭がいい、お金持ちだ、ものすごく努力をした、成功した……人によってこういうことで認めてもらいたいという自尊心の表し方はさまざまだ。なかには、自分は人格者であると誇示して、そう認められたいために謙虚に振る舞う人もいるだろう。

とどのつまり、傲慢に振る舞う人も謙虚に振る舞う人も、自尊心という一点で考えると、紙一重なのではないだろうか。

第三章　人を「孤独病」に追い込む思考習慣

人間は完璧には理解し合えない生き物である

東日本大震災以降、人と人とがつながる「絆」という言葉が非常に強調されるようになった。これは、社会があまりにも個に流れるほうへと進みすぎたことへの反省めいた気分がすでにあったことにもよるのではないか。

絆という言葉には、人は本来手と手をとり合って互いに助け合い、理解し合える存在だというイメージが投影されているように感じられる。さまざまなコミュニティ機能が衰退し、人々が個という単位でバラバラになってしまったこの孤独社会を新しくつくり直すマジカルな言葉として、絆は強く訴える力を持っている。

だが、現実には人と人をつなぐ絆は、大震災以降とりたてて強くなっているようには見えない。それどころか、原発推進か、脱原発か？　平和憲法を護持するか、改憲か？　といった大きなテーマを前にして意見が割れ、以前にもまして一層バラバラになってきているのではないだろうか。

ネットに馴染《なじ》んでいる人のなかには、ネットでつながるのも絆なのでは？　という感覚の人もいる。だが、ネットの世界で人とつながるのは絆とはいえないのではないか。パソコンが故障したり、停電したりすれば消えてしまうほどのはかないつながりは、強い絆にはなりえないだろう。

絆という言葉だけが独り歩きしているように感じているのは、きっと私一人だけではないと思う。

それでもなお、絆という言葉が繰り返し、有名人の口から飛び出したり、メディアで取り上げられたりするのは、この社会が寂しい人だらけだからだ。寂しくて寂しくて仕方ないから、誰かとつながりたい。そんな無数の寂しい思いでこの社会は覆われているように見える。だからこそ、なおのこと他人と深くつながりたいという願望や期待が強く投影されているのではないか。

だが、人はそもそも完璧には理解し合えないと思う。自分と他人は当然ながら違う人間である。その違っている部分を理解し合うというのは本来非常に難しい。そもそも人は自分のことですら完全にはわかっていない。無意識のレベルにおいては自分がふだん知らない自分が存在しているわけで、それは邪悪なものだったり、ひどく醜いものだったりする。自分のことですら理解していない部分が多いのに、ましてや他人のことを本当に理解できるわけがない。

「私はなかなか人から理解されないんです」と嘆く人がたまにいる。だが、そもそも完全に理解し合うことなどできないのだから、みんなから理解されようとは思わないことだ。理解してくれる人だけが理解してくれればいい。わかる人だけにわかればいい。そう思っておいたほうがいいだろう。

人と人とが絆をもっと深め、理解し合おうという期待が人々の間で高まっているなら、なぜ離婚率の水準が高いままなの？　なぜ未婚率は上がっているの？　おかしいでしょ、と感じる人もいるだろう。

離婚件数がなかなか減らないのは、人は理解し合えるものであり、そうあるべきだという期待が強いことの裏返しのように思われる。そのような強い期待が根底にあるからこそ、自分たちが思うように理解し合えないことが辛《つら》く、耐えられなくなる。そのため、人は理解し合えるものだという幻想が壊れてしまう前に、それを見ずにすむよう別れてしまうのではないだろうか。

反対に、人は思うようにはなかなか理解し合えないものだという気持ちがどこかにあれば、多少夫婦間の諍《いさか》いがあっても、それをやり過ごすことも、耐えることもできるだろう。

とはいえ、相手を理解しようとする努力をまったく放棄してしまってはいけない。

知人の女性が、自分がつくった味噌汁《みそしる》の具を夫がいつも必ず一個だけ残すので気分が悪い、と私に愚痴ったことがあった。

こういうことを夫が繰り返すのは、自分のしていることを妻がどう思うのかという想像力が欠落しており、また夫婦間の基本的なコミュニケーションそのものにも問題があるからだ。この場合、妻はまず夫に「なんで一個だけ、いつも残すの?」と聞くべきだろう。そんなこともせずに「嫌がらせでやっているのかしら?」などと自分のなかだけで悪い想像をひたすら掻《か》き立てているわけだが、もしかしたら夫は何の悪気もなくやっているのかもしれない。夫が悪意を持ってやっているに違いないと思い込むと、そうではない可能性に目を向けられなくなり、コミュニケーションをちゃんとしようという気持ちが萎《な》えてしまう。

では、この場合、女性はどうすればいいのか？

①他人は自分と違う見方、考え方をすることがあるということを常に念頭に置く、②「わかり合えなさ」はどんなに努力しても生じるということを受け入れる、③そのうえでとにかく話し合う、この三つのことが大切だろう。

相手を理解できない場合、少しでも理解しようとする努力は最低限必要だ。だが、どんなに頑張っても、どうしても理解できない部分、わかりにくい部分は絶対に残るものだ。人は努力すれば理解し合えるという期待が強いほど、必然的に失望することになる。失望して一層孤独や寂しさを感じる羽目になる。だから、そのような幻想をもし抱いているなら、さっさと捨てるに限ると思う。そうやって無理な人間関係をつくらないことも、気持ちよく生きる一つのコツではないだろうか。

「聞く人」が周りからいなくなった社会

私が精神科医になりたてのころ、尊敬する先輩医師からいわれた言葉がいまだに忘れられない。それは、「精神科医というのはともかく人の話を聞いてあげることが一番大事」というアドバイスである。

精神科医のもとに相談に訪れる患者というのは、たいがい孤独で、自分の話を聞いてもらえる人がいない。話し相手がいないから家では壁に向かってしゃべっていたりする。精神科医は、自分のことをそんな家の壁よりはまだましな壁と思って患者の話をきちんと聞いてあげることが大切だというのだ。

だから、引きこもりの方にとっては、二、三週間に一回でも診察室に来て話すことに価値がある。自分の話を聞いてくれる人がいないと、淀《よど》んでいた感情やうっ積した思いがますます煮詰まってしまう。わずかな時間でも自分の正直な思いを吐露できる相手がいれば、少しは感情や思考の流れがよくなるし、気分も軽くなる。

実際、患者の話を聞くことを徹底させた心理療法もある。アメリカの臨床心理学者であるカール・ロジャーズが提唱した来談者中心療法（クライエント中心療法）である。

ロジャーズは、カウンセラーにはたくさんの知識や権威は不要であり、患者の話に対してどれだけ無条件に心を開き、共感的な理解を示せるかが大事であるとして、来談者中心療法を開発した。ロジャーズは、人は自分の存在を素直に受け入れたときにはじめて、自己実現をする本能のようなものにスイッチが入ると考えた。カウンセラーの最終的な役割は、それを促すことだというのだ。

ロジャーズの主張がすべての患者に当てはまるわけではないだろうが、患者によっては話を聞くだけで症状が改善する人が多いのは事実である。

精神のバランスを崩したり、心の不調を訴えたりする人が昨今増えている背景には、話をじっくり聞いてくれる人が少なくなっていることもあるように思われる。

最近の人は他人の話を聞くことより、自分が話をすることのほうに関心が極端に偏っているのではないだろうか。テレビのバラエティ番組なんかを見ていると、そういうことをよく感じる。この手の番組ではお笑い系の芸人が引っ張りだこなのだが、出演者はみな本当に話がうまい。間というものが一瞬もなく、出演者全員が早口で淀みなくしゃべり続けている。

話し上手な人が増えたのはテレビという箱のなかだけのことではなく、世間一般もおそらくそうなのだろう。日本人全体の話す力が底上げされ、その先端にいるのがお笑い芸人なのかもしれない。就職の面接でもコミュ力（コミュニケーション能力）が重要視され、政治家にも芸能人にも「わかりやすく伝える」ことが強く求められる時代。日本人全体の話す力は、ここ一〇年、二〇年の間にかなり向上したのではないか。

その背景には、社会に流通する情報量が、ネットの発達などによって格段に増えたことがあるように思われる。情報量が爆発的に増えれば、情報を伝える行為は激しい競争にさらされ、相手によりスピーディーに、より効率的に伝えなければならなくなるからだ。

人類が三〇万年かかって蓄積した情報量に匹敵するものが、現代においてはたった約三年の間に生まれているそうだ。総務省情報通信政策研究所によれば、二〇〇一（平成一三）年～二〇〇九（平成二一）年の八年間にネット、テレビ、新聞、出版などのメディアで流通する情報量は約二倍に増えたのに、その消費量は一・〇九倍の微増だった。流通量は驚くほど増えているのに消費量がほぼ横ばいということは、一人当たりの情報量はほぼ飽和状態に達しているということである。このことは情報を発信しても、相手にちゃんと届く確率が加速度的に下がってきていることを意味している。

つまり、この社会において、発信する情報を相手にきちんと届けるには、非常に激しい競争をかいくぐらないといけない。こうした環境が自分の情報を発信することに熱心な人を増やし、結果的に日本人のコミュ力や伝える力がアップしたのではないだろうか。

コミュ力や伝える力が重要視するのは、「わかりやすさ」だ。最近のテレビは、出演者の話す言葉がいちいちテロップになって出てくるが、これなども「わかりやすさ」を求める風潮の表れだろう。

相手にわかりやすく伝えようとすることは、それ自体もちろん悪いことではない。だが、あまりにも「わかりやすさ」が強調されると、言葉は個性に欠けた形式的で空虚なものになっていくのではないか。

言葉というのは、単に合理的なコミュニケーションをはかるためだけのツールではない。言葉がただのツールとなり、そのためにどんどんやせ細り、貧相になっていけば、人間のあり方そのものも揺らいでくる。人間は言葉によって自分や世界を理解しているのだから、言葉の厚みが薄くなれば、それと同時に自分や世界への理解の仕方も表面的なものになるに違いない。

自分や他人に対する理解が浅くなれば、「なんで自分は理解されないんだろう」という不満も強くなるだろう。言葉の軽量化とか貧弱化とかも、また回り回って現代人の孤独に微妙な影を落としているのではないだろうか。

話す人は当然、自分の話を聞いてくれる人を求める。だが、誰もが話したいという人ばかりになると、聞いてくれる人は必然的に減ってしまい、話を聞いてほしいという人と実際聞いてくれる人の需要と供給のギャップが大きく開いていくことになる。そのとき生じる欲求不満は、心にさまざまな形で負荷を与えるに違いない。

そんな風潮のなかにあって、「聞く」という行為はとても価値を持つと思う。実際人の話を聞いてあげることがお金になると気づき、カウンセラーの資格があるわけでもない人が有料で人の話をひたすら聞いてあげるという商売も生まれているそうだ。

人は自分の話を聞いてくれる人に対しては、相手の話もちゃんと聞こうという姿勢になるもの。話すことと聞くことにはそのような相互性があるので、自分の話を聞いてもらいたければ、まず相手の話を聞くことが大切である。

それにはネットのＳＮＳでのやりとりなどではなく、やはり向かい合って直接話し合える相手をふだんの生活のなかで持っておくことが大事だろう。

私の父が一〇年ほど前に亡くなったとき、母はそれまで一番の話し相手だった存在がいなくなって、「話す相手がいないのは寂しい。自分の話を聞いてくれる存在はほんとに必要やね」といっていた。そのころの母は、一日中誰とも話さない日もあったようだ。その後近所のおばさんたちと仲良しコミュニティをつくって一緒に食事をしたり、旅行に行ったりするようになった。そうして孤独から抜け出したのだが、反対に父が残されていたら、母のような行動はとれなかったのではないか。

人の話を聞いてあげることとは、「相手の存在を受け入れる」ことにつながる。そして、相手の存在を受け入れれば、今度は自分の存在も受け入れてもらえるのだ。

寂しさを感じることが多い人は、自分の話を聞いてもらえる相手を探すことばかりにとらわれず、身近な人の話に耳を傾けることからまず始めてみてはどうだろうか。

人に嫌われることを恐れない生き方

最近の若い世代は男女とも恋人がいない人が増えているという。それは知り合っても自分が傷つくのを恐れ、深い付き合いへなかなか進展しないからだそうだ。簡単にいえば「好きだから付き合ってください」の一言をなかなか口にできないのである。

だが傷つくことに敏感なのは、若い世代だけではないだろう。というのも、最近は「いい人になりたい」という「いい人」願望を持った人が増えているからだ。

「いい人」願望というのは、他人から「いい人」に見られたいという願望であって、別に「人格的に優れた人になりたい」ということではない。なぜ、「いい人」に思われたいかというと、他人から嫌われて孤立したり、敬遠されて傷ついたりしたくないからである。

相手の頼みを断らない、わがままをいわない、そんな「いい人」は、親切な人とか、優しい人と他人に思われたいがためにそうしている可能性が高い。自分のなかにはっきりした行動規範めいたものがあるわけではなく、他人の目線に合わせてそうしているにすぎないのである。

「空気を読めない」ことを揶揄《やゆ》するKYという言葉がひところ流行ったが、このことと「いい人」願望が増えていることはじつは密接に関連している。

集団行動に抵抗がない日本人にとって周囲の状況をうかがって周りの空気に合わせることは得意なはずなのに、KYなどという言葉が流行ったのは、社会の同調圧力が強まっているからだと考えられる。

同調圧力が強まれば、何か人と違うことをするだけで、あの人は自分勝手でわがままだといった批判をされやすくなる。下手すれば周りから孤立するかもしれない。そんな空気を先読みして自分を守るために「いい人」を演じているだけの話で、個人主義が発達した欧米では、KYなんて言葉は流行らないだろう。

「いい人」になることが自分を防衛する手段なら、「いい人」が増えた社会そのものも守りに入っているのではないか。守りに入っているのは、未来への展望が描けず、進歩することへのポテンシャルが落ちているからでもある。

日本国憲法をめぐる最近の慌ただしい動きはそんなスキを突いて出てきたようにも見える。国の仕組みを大きく変えるほどの問題なのだから、本当はもっとさまざまな意見が大きな声で飛び交うのが当たり前なのに日本人は非常におとなしい。あまりにもみな「いい人」すぎる。同調圧力が強まっている社会は危うい。そんなことをいまの日本は強く感じさせる。

KYなどという言葉を無視して、いいたいことがあれば、ちゃんと自分の意見や考えを伝えることも、ときには必要だ。「空気を読まない」強さを持つことも大事ではないだろうか。

どんなにいい人や立派な人でも、人からまったく悪口をいわれない人などありえない。どこから見ても完璧という人は、その完璧さゆえに「本当は裏があるんじゃないの?」など嫉妬《しっと》混じりの悪口をいわれることもある。

悪口は生きている限りいわれるもの。そう思っておいたほうがいい。自分の本当の気持ちを抑えて、人から悪くいわれないよう努力することほどバカバカしいことはない。

一般的に「いい人」願望が強くなるほどメンタルをやられやすい。職場におけるストレスからウツになるような人は、たいてい「いい人」願望が強い。上司から「明日までにこの書類を仕上げておいて」などと無茶な量の仕事を押しつけられたら、断らずに徹夜してでもきちんと仕上げる。上司からの命令を忠実に聞き、部下の不満やリクエストにも全部応《こた》えてあげようとする。そんなことを繰り返すうちに本格的なウツになったりするのである。

「いい人」であろうとする人は、このように基本的に真面目《まじめ》なタイプが多い。「真面目でいい人」にとって、「人から嫌われても構わないよ」とばかり、奔放な振る舞いをする人は憧《あこが》れの対象になりやすい。ビートたけしやタモリ、あるいは「いい加減さ」を売りにしている高田純次といったタレントが人気があるのも、こうした理由からだろう。

嫌われたって平気というタイプは孤独に強く、また孤独を楽しむ力を持っている。というのも自分をしっかり持っているからだ。確たる価値観や信念があるから、多少人からどう思われようと軸が揺るがない。

ひるがえって「いい人」には、自分というものがあまりない。「いい人」は周りの人間とつるんでいるときはいいが、自分がないから、いざとなると孤独にひどく弱い。「いい人」になろうと努力をするくらいなら、その同じエネルギーで嫌われることを恐れない人になる努力をしたほうがいい。それこそが自分の好きなことができる自由な道を拓《ひら》いていく方法なのである。

「気くばり文化」が招く孤独

子どもの行動形態には、そのときどきの社会の価値観、空気、流行、文化といったものが如実に表れるものだ。

たとえば、三〇年、四〇年前の子どもといまの子どもを比較すると、その行動形態にさまざまな違いが認められる。先日、四〇代後半の男性の知人が、小学校低学年の自分の子どもを見ていると、そんなことを痛切に感じると漏らしていた。

なかでも、子どもたちが友だちの家に行くとき必ずお菓子を持参していくことに驚いたという。それは、自分が食べるマイお菓子というわけではなく、訪問する家への配慮からそうするのだそうだ。ちょっとしたおみやげのようなものである。

もちろん、それは子どもの自発的な意思ではなく、親が子どもに持たせているわけだ。だから、母親が働いている子どもは、何も持参しないで友だちの家に行くことになる。すると、その晩になって、その子の母親から「今日は家《うち》の子が突然お邪魔しましてすみません。お菓子までご馳走《ちそう》になって……」とわざわざお礼の電話がかかってくるらしい。

子どもが友だちの家に行くのに、親がまるで自分が行くかのようにものすごく気遣いをするようだ。

そんな気遣いをしなくてはいけないせいか、最近の親はどうやら家に子どもの友だちが遊びに来るのをあまり快く思わないようだと、その知人は話した。親のそんな気持ちを感じ取ってなのか、子ども同士でお互いの家に気安く遊びに行ったりすることが本当に少ないらしい。さらに、いまの子どもは、お稽古《けいこ》事が非常に多いので、なおさら友だちと放課後に遊ばないのだそうだ。

知人は「僕が子どものころとそこがまったく違う」という。私も、昔はそんな気遣いをどこの親もあまりすることがなかったような気がする。子ども同士取り立てて約束もせず、遊びたくなったら友だちの家を訪ね、呼び鈴を押すこともよくあったし、遊びに行った先の親もいつものことなので、いちいち気を遣って子どもにお菓子を出してくれることも少なかった。私は田舎で育ったこともあって、気の向くまま、友だちの家や公園や原っぱで遊び回って、日が暮れたら家に帰るという毎日だった。

「昔はみな習い事もそんなにしていなかったし、学校が終わって家に帰るまではほとんど野放し状態だった」と知人は懐かしそうに語っていたが、昔と比べて子どもに対する親の管理もかなりきつくなってきているのではないだろうか。

いまは子どもが公園で遊んでいたら、近隣から「うるさい」と苦情が来る時代。家庭も含めて社会全体がぎすぎすして、余裕がなくなっている。昔はモンスターペアレンツなんていなかったし、人間がいまと比べて大らかだったと思う。

それにしても、社会から鷹揚《おうよう》さが失われてしまったのはなぜなのだろうか?

一つには、社会全体が経済合理的な価値観で覆われてしまったために、ムダとか遊びといったものが、どちらかというと負の価値観でとらえられるようになったせいだろう。また、個人主義的な考え方が広まり、権利意識ばかりが妙に強くなったことも一因だろう。

だがそれだけではない。意外と見落とされているが、「気遣い」の副作用ではないだろうか。気遣いを強いられる社会のあり方が、社会の余裕のなさをもたらしているように見受けられる。

「おもてなし」が典型だが、日本人は伝統的に気遣いの生活文化というものを持っている。子どもが友だちの家に遊びに行くときお菓子を持参するという話からもわかるように、日本人はかなり人に気を遣う。

人に気をくばること自体はもちろん悪いことではない。しかし、気遣いが行きすぎているとしたら、それはどうだろう?

体にいい運動でも、健康にいい食事でも、それがすぎればマイナスになるのと同様に、いいこととされる考え方や心の持ち方も行きすぎればマイナスになることがある。いまの日本人は気遣いが行きすぎて、それがマイナスに作用しているのではないだろうか。気遣いも過剰になれば、他人に対して寛容さが失われたり、人間関係に不必要に神経過敏になったりする。子どもが友だちの家にあまり遊びに行かないのも、公園で遊ぶ子どもの声が苦情の対象になるのも、その端的な表れのように思われるのである。

いまから思えばちょっと不思議だが、三〇年ほど前に当時NHKのアナウンサーだった男性が『気くばりのすすめ』という本を書き、一大ベストセラーになったことがあった。そのとき著者が、日本人に他人への思いやりや優しさがなくなってきていることを感じて本を書いたと語っていたような記憶がある。

だが、それは日本人が本当に気くばりのできない人間になったということではないだろう。おそらく気くばりの質が変わったのだ。気くばりというのは本来、相手のことを考えてするものなのに、自分が相手からどう見られるかをまず優先的に考えるような形だけのものになってきていることに、この著者は気づいていたのではないか。

表面的なだけの気くばりは、何よりも自分にトラブルが及ばないようにするための自己防衛である。さらに、いい人と思われたいという自己愛や仕事上の利得もしばしばからんでいる。

日本人が個人主義的な生き方をするようになるにつれて、そういう劣化した気くばり、気遣いの技術といったものが広まったのではないか。

思いやりや優しさのこもった気遣いであれば、人と人との感情的な距離はぐんと近くなるはずだ。だが、現実はその逆だ。空気を読まない人のことをKYと揶揄するほど、みな互いに気を遣っているはずなのに、社会は寂しい人であふれ、孤独病の人はますます増えている。それは自分のためにやっている形だけの気遣いや気くばりばかりだからであり、かえって人と人との距離を遠ざけているのである。


気遣いとか、気くばりというものに対して、ほとんどの人は何の疑いもなくよいものと思い込んでいる。本当はどんな気持ちで気遣いや気くばりをしているのかをじっくり観察してみるべきなのに。

自分を守り、自分に利益をもたらすための気遣いばかりが蔓延《まんえん》する社会こそ、孤独病に拍車をかけているのではないだろうか。

「情けは人のためならず」が孤独から人を救う

「情けは人のためならず」ということわざがある。情けを人にかけるとその人のためにならないと誤解している人も少なくないようだ。正しくは、情けをかけると回り回っていずれ自分によい報いが返ってくるので誰にでも親切にしておいたほうがよい、という意味である。

私は「情けは人のためならず」ということを多くの人が実践すれば、この孤独社会における孤独の度合いがいくらか弱まるのではないかと思っている。

このようなことわざは人に善行を促すための、巧妙につくられた道徳の一種ではないかと疑う人もいるだろう。

しかし、よく考えると、非常に合理的な発想から生まれた言葉であることがわかる。実際、利己的な行為に走りすぎると、最終的にはその人は大きな損をする可能性が高いからだ。エゴの強い人は自分の得になると思ってそう振る舞うのだが、長い目で見るとマイナスのほうが大きくなるものだ。だが、当の本人はそのことになかなか気づかない。

仏文学者の鹿島茂さんは『幸福の条件』（潮出版社）という著書のなかで、自分の利益と道徳との関係についてこんな例を出して説明されている。

電車に乗るときには普通整列乗車をする。じつは、これがもっともストレスなく座れる確率が高い方法なのだ。もし自分だけ座れさえすればいいと、みながエゴイスティックな行動をとればどうなるだろうか。その場合は列をつくらず、電車が来たら割り込んだり、人を押しのけたりしながら力づくで乗り込むことになる。だが、こんなことを毎回やっていては乗るたびに激しく消耗してしまう。これではたまに座れたとしても、得な乗車方法とはいえないだろう。つまり、みながもっとも気持ちよく座れる確率が高いのが、整列乗車をして乗る方法ということになる。

整列乗車は、道徳的に望ましいからそうしているという以前に、全員の得になる確率がもっとも高い合理的な方法だから選択されているわけである。

「情けは人のためならず」の考え方もこれと同じである。自分の利益を最大化するには、他人の利益も同時にはからないといけないということだ。たとえば、自分が一〇〇の得をしようと思って毎回行動をすれば、結果的には平均すると一〇〇どころか四〇くらいの得になってしまうかもしれない。しかし、一〇〇のうちの三〇の得をいつも他人に譲るようにしていれば、結果的には平均七〇の得をするというのが、「情けは人のためならず」の真意なのだ。

つまり、利益を長期にわたって最大化するには、自分の目先の利益ばかりを計算してはならず、他人の利益にもバランスよく目くばりしなくてはいけないというわけである。

孤独病にかかっている人はよく「誰も自分を愛してくれない」などと訴える。でも、そういう人に限って誰のことも愛していないものだ。本気で誰かを愛したり、他人のために何かを献身的にしたりすることをまったくしてきていないことが多い。

他人からの愛は求めるくせに自分からは他人に愛を与えようとしないのは、どう見ても自分勝手である。「情けは人のためならず」と同じで、愛は他人に与えなければ自分に返ってこない。つまり、「誰も自分を愛してくれない」と嘆いている人は、家族でも友人や知人でも、他の誰かのためにかをすれば、それが回り回って返ってくるということを経験知として持っていないのである。

これは、社会の仕組みがより効率的、より合理的なほうへとどんどん進んでいるせいかもしれない。人の発想も、「得か損か」という計算ばかりになっている。仕事でも生活でも、コストパフォーマンスをまず考えて動くという人が多い。会社でも、上司から仕事をふられて、「これはどういう意味があるんですか？」と聞き返したり、「こんな仕事をやっても意味がない」と愚痴をこぼしたりする人が最近少なくないという。

知り合いの出版関係者がこんな話をしていた。雑誌の編集部において新卒社員は懸賞ページを最初に担当させられることが多いそうだが、いきなり「何でこんな仕事なんですか？　もっと面白いページをやりたいです」と文句をいう新人が昨今ときどきいるという。たしかに応募ハガキの細かいアンケート欄を読んでその内容をデータ化したり、懸賞商品を発送したりする作業は地味で面白くないかもしれない。だが、それはそれで情報処理能力や注意力を鍛えることになるので後々違う仕事をする際に生きてくるはずである。こういう感じの仕事なら意味があって楽しいというイメージを頭のなかに頑《かたく》なに持っている人には、地味な仕事であっても、そこにさまざまな可能性や意義があることがわからないのだろう。

自分のイメージに合わない仕事も雑用的な仕事も損、そういう感覚を持っている人が増えているように見受けられる。だが、損か得かという目先のコストパフォーマンスばかり考えて仕事をしていては、最終的に大きな得を手にするのは無理ではないだろうか。

損か得かの計算は、最近では恋愛や結婚においてもシビアにされる。

たとえば、女性が恋愛の対象として男性を選ぶとき、どこかの大企業の社員だったら優しくするけど、派遣社員だったらそうはしないということがあるようだ。しかし、親切にした正社員の男性はその女性を選ばないかもしれない。逆に親切にしなかった派遣社員の男性が後に起業してお金持ちになるかもしれない。人間だから、全然計算せずに行動することはできないが、頭で計算ばかりしていても現実にはその通りにならないことのほうが多いことは知っておくべきだろう。

結局、恋愛にしても結婚にしても、素直に相手に魅力を感じるかどうかのほうが、損得を計算するよりも重要だと思う。条件が多少悪くても、惚《ほ》れたら相手のためにいろいろやってあげるとか、そんなことのほうがきっといい結果をもたらすはずだ。

愛をもらえないと孤独に喘《あえ》いでいる人は、自分が他人のために何かをしてあげることが損だと思っている。そんな計算を捨てて、「この人のためなら何かしてあげたい」と感じることがあれば、とりあえずその素直な気持ちに従ってみるといいだろう。肝心なのは、どっちが得か損かと計算することよりも、まずは自分の気持ちを大事にして動くことなのである。

自己肯定感が強ければ孤独に陥らずにすむ

孤独な状況に陥ったとき、それを辛く思う人と、あまり悲観しない人がいる。この二つを分けるものは何なのか?

それは詰まるところ、自己肯定感の差のように思われる。すなわち、自己肯定感が強い人ほど孤独に対しては強く、反対に自己肯定感の弱い人ほど孤独に弱いということだ。

ここに興味深いデータがある。

内閣府が発表した「子ども・若者白書」（平成二六年版）の意識調査（図表1〜6）だ。対象は、日本、韓国、アメリカ、イギリス、ドイツ、フランス、スウェーデンの七カ国における一三歳〜二九歳の若者である。主だった質問に対してイエスと答えた人の割合を見てみよう。

それによると、「自分自身に満足しているか？」という問いに対しては、日本はイエスと答えた割合が七カ国中もっとも低く四五・八パーセント、それに対し欧米先進国はアメリカの八六・〇パーセントを筆頭に軒並み八〇パーセントを超えている（図表1）。その他、「ゆううつに感じるときがあるか？」の問いに対しては日本は七七・九パーセントと断トツで高く、もっとも低いドイツは三六・九パーセント（図表2）。「うまくいくかわからないことにも意欲的に取り組むか？」の質問には日本は五二・二パーセントと一番低く、もっとも高いフランスは八六・一パーセント（図表3）。「自分の参加により変えてほしい

図表1　自分自身に満足している

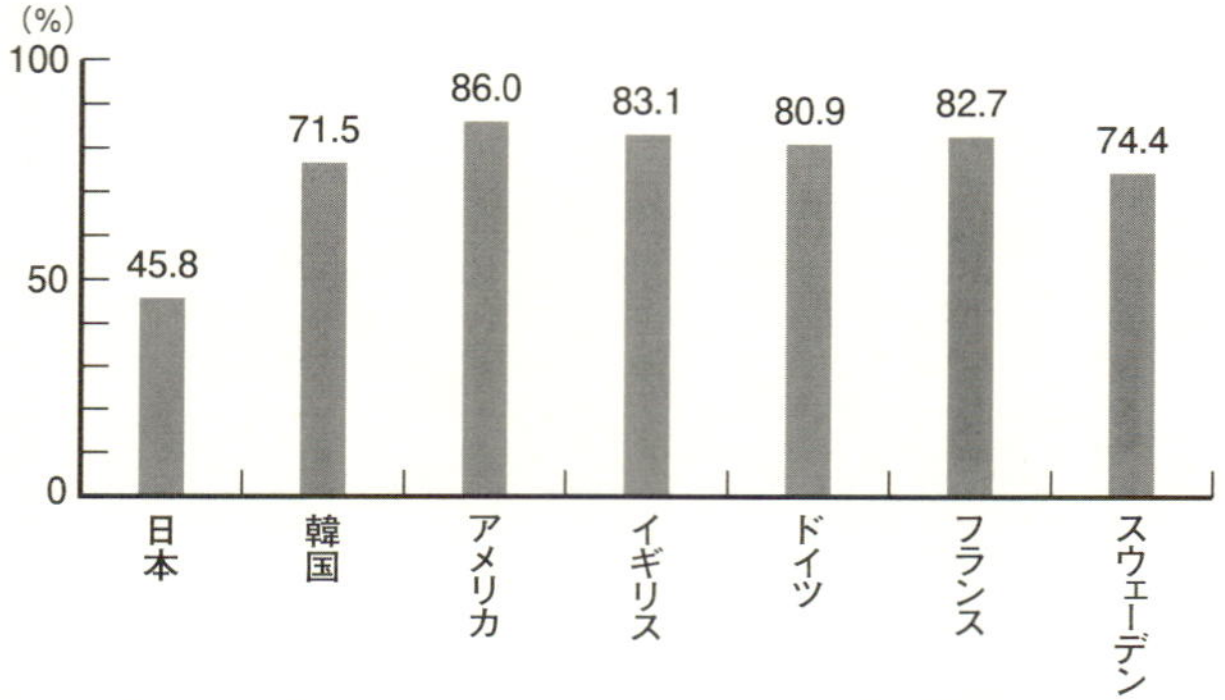

(注)「次のことがらがあなた自身にどのくらいあてはまりますか」との問いに対し、「私は自分自身に満足している」に「そう思う」「どちらかといえばそう思う」と回答した者の合計。

図表2　ゆううつだと感じた

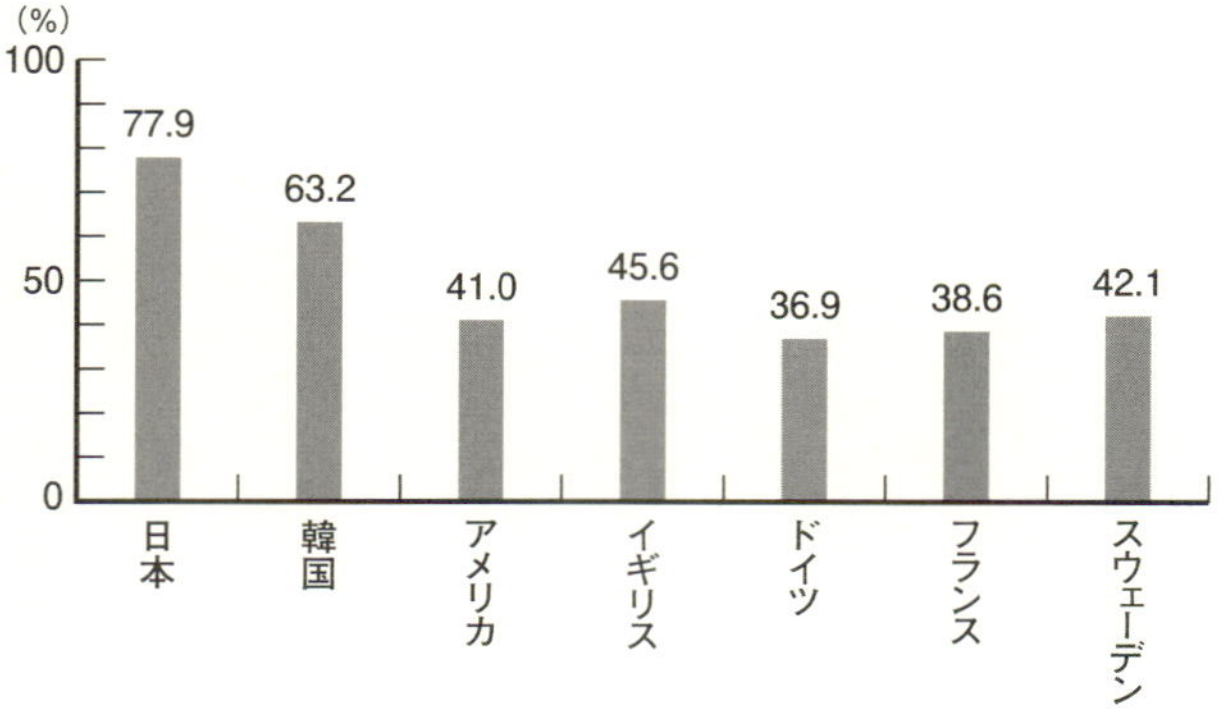

(注)この1週間の心の状態について「次のような気分やことがらに関して、あてはまるものをそれぞれ1つ選んでください」との問いに対し、「ゆううつだと感じたこと」に「あった」「どちらかといえばあった」と回答した者の合計。

図表3　うまくいくかわからないことにも意欲的に取り組む

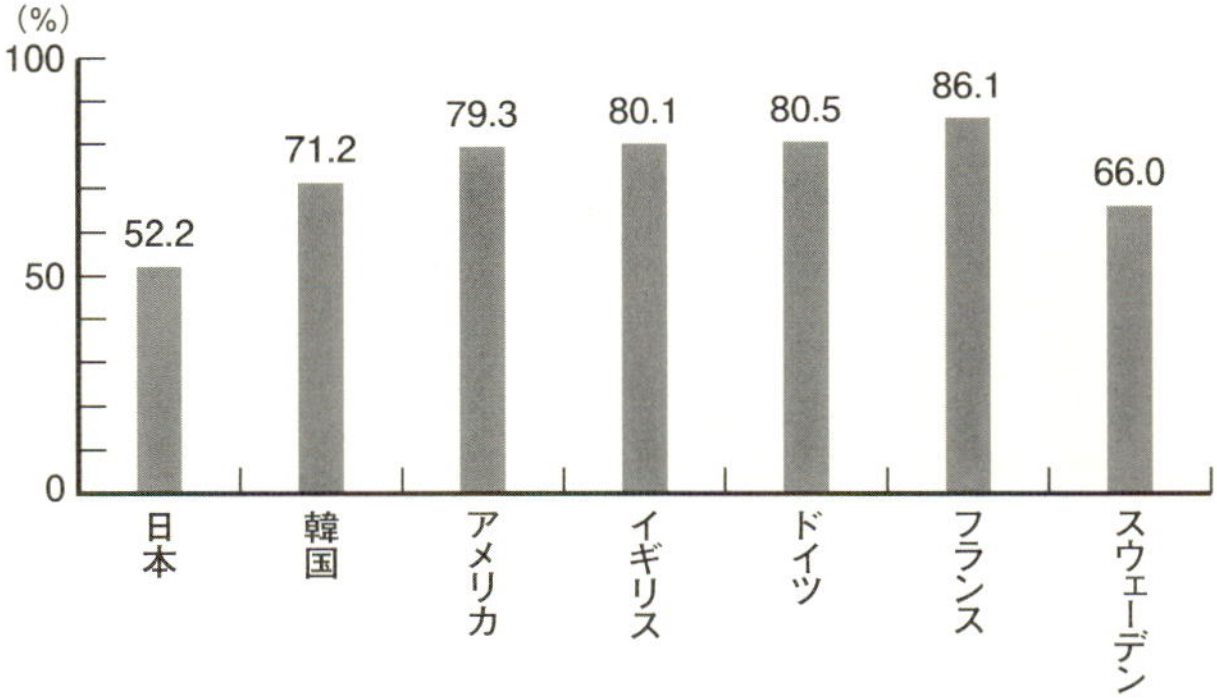

(注)「次のことがらがあなた自身にどのくらいあてはまりますか」との問いに対し、「うまくいくかわからないことにも意欲的に取り組む」に「そう思う」「どちらかといえばそう思う」と回答した者の合計。

図表4　社会現象が変えられるかもしれない

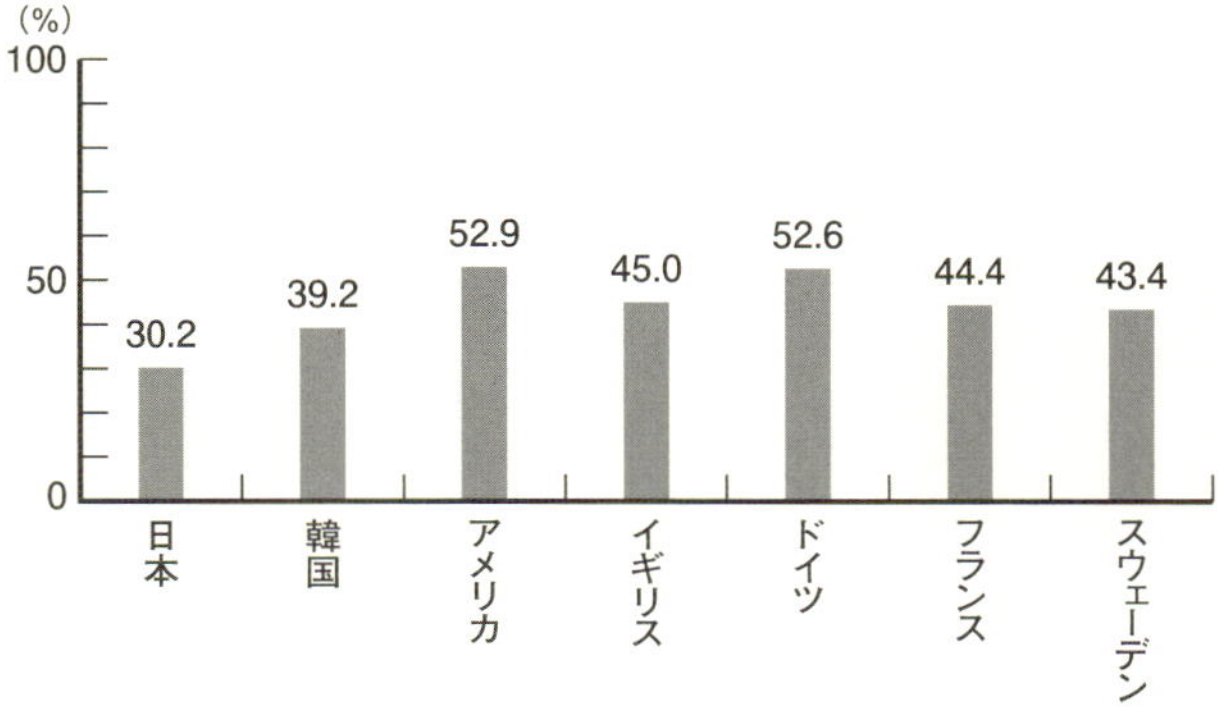

(注)「次のような意見について、あなたはどのように考えますか」との問いに対し、「私の参加により、変えてほしい社会現象が少し変えられるかもしれない」に「そう思う」「どちらかといえばそう思う」と回答した者の合計。

図表5　将来への希望

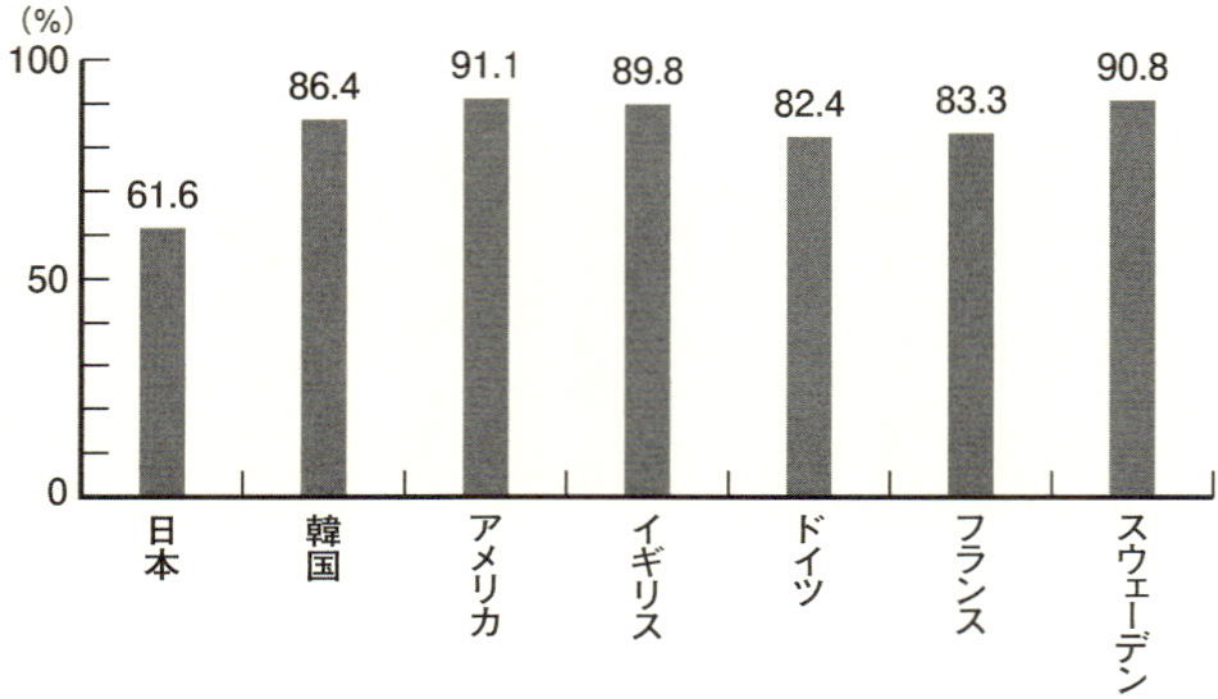

(注)「あなたは、自分の将来について明るい希望を持っていますか」との問いに対し、「希望がある」「どちらかといえば希望がある」と回答した者の合計。

社会現象が変えられるか？」」の質問には日本は三〇・二パーセントともっとも低く、一番高いアメリカは五二・九パーセント（図表4）。「将来への明るい希望はあるか？」」の問いに対しては日本は六一・六パーセントと一番低く、アメリカやスウェーデンは九〇パーセントを超えた（図表5）。

ここから読み取れるのは、日本の若者は欧米先進国の若者と比べて自己肯定感が弱く、現在にも未来にも悲観的で、前向きに生きようとする意欲に乏しいということだ。

若者の意識には、当然同じ社会と時代を生きる大人たちの意識が色濃く映し出されているはずである。ということは、日本の大人も若者と同様に、自己肯定感が弱く、現在や未来に対して悲観的なのではないか。

それにしてもなぜ日本の若者は、自己肯定感が弱く、未来を切り拓いていく活力に欠けるのだろうか？　そして、自己肯定感が弱い人間は、どうすれば自己肯定感を強くすることができるのだろうか？

もともと自己肯定感の弱い人が、大人になってから急に自己肯定感を強くしようとしてもちょっと難しい。自己肯定感というのは二、三歳の幼児の時期から子どものころにかけて培われるものだからだ。

子どもの自己肯定感を形成するうえでもっとも大きな影響を及ぼすのは、やはり親の育て方だ。一般に叱《しか》られてばかりいて、きびしくしつけられた子どもは自己肯定感を持ちにくい。

親の支配力が強いせいで、欲求をいつも抑えられた子どもは、自分の存在を親から受け入れてもらっていないと感じやすい。そのために生まれる自己否定感が深く根を張って、自分をなかなか肯定できないのである。

やたら叱ったり、しつけをきびしくしたりするのは、いい換えれば過干渉である。過干渉が繰り返されると、子どもの自主性や主体性を損なう恐れがある。その結果、子どもが自分を見失い、アイデンティティを確立できないという事態になりかねない。

親が発する「やってはいけません」とか「やりなさい」といった命令に従順に従うと、「いい子」として褒められるし、ご褒美ももらえる。そんなことを毎日やっていると、子どもは親の評価に敏感になり、自分の意思よりもまず親から褒めてもらうことを優先して行動するようになっていく。

この手の親は、子どもが自分が望むような「いい子」であればかわいがるが、そうでなければ愛情を与えない。そうなると一層のこと、子どもの自己肯定感は弱くなってしまう。

このように子どもを未完成な人間として扱い、自分の思うようにコントロールする対象として育てる傾向が日本の親には強いことが、「子ども・若者白書」の統計データにはっきり表れているのではないか。

いわゆる「いい子」というのは、あくまで親にとっての「いい子」にすぎないのに、そこを誤解している親がかなりいるようだ。

図表6　充実感（家族といるとき）

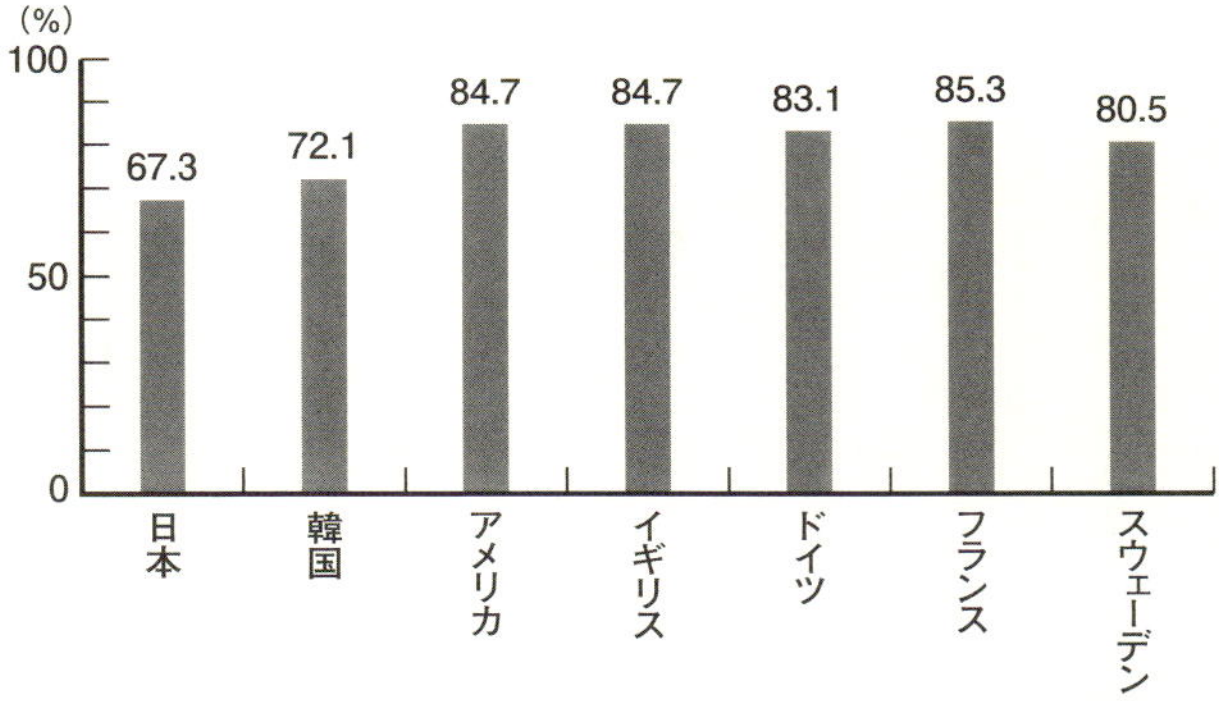

（注）「あなたは、どんなときに充実していると感じますか」との問いに対し、「家族といるとき」に「あてはまる」「どちらかといえばあてはまる」と回答した者の合計。

たとえば、イジメっ子は親からすると、親のいうことをよく聞いて勉強もできるいい子であるケースが実際かなり多い。つまり、イジメっ子は、親に強く抑圧されたストレスをイジメという形で発散しているのである。

また、やたらときびしい過干渉な親というのは、じつは親自身が周りから認められていないことも少なくない。結局自身が抱える不全感や孤独を埋めるために、子どもを徹底的に支配し、子どもが従順になることで自己愛を満たしているわけである。

「子ども・若者白書」には「家族といることに充実感があるか？」という質問もあるが、日本はイエスの割合が六七・三パーセントと七カ国中もっとも低く、一番高いフランスは八五・二パーセントである（図表6）。この数字からもまた、日本の親が子ども目線に立たず、自分のエゴイスティックな欲求に従って子育てをしている傾向が強いという面が透けて見えてくるようである。

このように日本人の若者の自己肯定感の弱さは、教育に根本的な問題があるといわざるをえない。自己肯定感が弱いほど孤独への耐性も低くなるわけだから、孤独病を少しでも解決するには、教育から考え直していく必要があるといえよう。

孤独病を招きかねない自立と自己責任をどう考えるか

自己肯定感と密接な関係があるのが、自立だ。自立して自信がある人ほど当然ながら自己肯定感は強いし、反対に依存的で自信がない人ほど自己肯定感は弱くなる。

自立や自己責任といった言葉がしきりにいわれるようになったのは、いつごろからだろうか。振り返ると、一九九〇年代初頭にバブル経済が崩壊し、それまで右肩上がりできた日本の高度経済成長神話が終わりを告げたあたり、つまり終身雇用制に象徴される日本型経営が行き詰まりを見せ始め、成果主義など欧米型経営のスタイルを取り入れたころからのように思われる。

経済の急速なグローバル化によって市場がいつ大波をかぶるかわからなくなった。家族の疑似形態ともいえる「日本株式会社」にそれまで身を預け全幅の信頼を寄せていたのに、いつリストラされるかわからなくなった。このように個人がハイリスクを負わざるをえない時代が到来したことで、誰にも頼らず自分の面倒は自分で見る、大事なのはその力をつけることだという意識が強まった。こうした時代の変化や空気から自立や自己責任という言葉が生まれ、あちこちでことあるごとに強調されるようになったのだ。

もっとも、個人が経済的な自立をしてくれるほうが有難い国や企業サイドからも、同じ言葉が別の意図を持って盛んに発信されてきた。最近では医療費の大幅削減をはかりたい国が「高齢者の自立」ということをしきりにいい出したが、これなどはそのいい例だ。自立や自己責任という体のいい言葉が聞こえてきたときは、その裏にあるものを用心深く見たほうがいいのである。

ところで、自立を強いられる風潮というのは、精神的にはけっこうプレッシャーだろう。自立をあまりにも強いられると、人によっては孤立したり、孤独病へと追い込まれたりしかねない。

経済的自立と違って精神的な自立は、本来自我がしっかり確立できている人にしかできないはずだ。西欧人のはっきりした自我と違って、日本人の自我は世間とか集団といったものを前提にした曖昧な性格を持っている。そんなやわらかい自我が自立、自立とあおり立てられるのはちょっとしんどいかもしれない。

先に「子ども・若者白書」の意識調査で、「うまくいくかわからないことにも意欲的に取り組むか？」の質問に、日本の若者はイエスと答えた割合が先進国のなかで一番低かったと紹介した。この質問は精神の自立度をはかる一つの目安にもなるだろうが、この結果から、日本の若者は西欧の若者に比べてあまり自立していないと推測される。自立ということがしきりに叫ばれているわりには、日本人で精神的なレベルで本当に自立している人はおそらく少ないのだろう。

自立という概念とセットになりやすい自己責任はどうだろうか。自分のことは自分で始末しろという自己責任もまた、それを声高に押しつけられるとあまりいい気はしない。

人によっては自己責任の観念が強いあまり、自分を責めているうちに自分のキャパシティを超えてしまい、突然八つ当たりのように他人を責め始めることもある。

たとえば学力もコミュニケーション能力も人並み以上にある学生がいたとしよう。彼は大学を卒業したものの、就職氷河期でどこの会社にも入れず、非正規社員で働くしかなかった。何年か経ったとき、世間の注目を集めている伸び盛りの新興企業が中途採用の募集をかけていたので受けてみたらラッキーにも入社できた。ところが入ってみると、そこはとんでもないブラック企業であることがわかった。それで会社を辞めてしまい、いまは仕方なく生活保護を受給している。

このようなケースでは、一連の状況を一〇〇パーセント自己責任の名のもとに引き受けろというのは彼にとってはかなり酷な話だろう。それでも周りから生活保護を受けることになってしまったのは自己責任だと責められ続けたらどうだろう。彼は耐え切れなくなって、親や自分を落とした企業を激しく責め出すかもしれない。自己責任というのは、行きすぎるところのように反転して他責に変わる危険もはらんでいるのである。

自立や自己責任という言葉が近しいところにある理由は、「人は迷惑をかけないで生きるべきだ」という道徳的な考え方をともに含んでいるからではないだろうか。

そのことが端的に表れたのが、二〇〇四（平成一六）年にイラクの武装組織が日本人三人を誘拐した事件だ。武装組織は人質と引きかえに自衛隊のイラクからの撤退を要求し、国内では三人の自己責任を問う猛烈なバッシングが起こった。最近起こったイスラム国（ＩＳ）による日本人人質の殺害事件の際も、やはり自己責任という言葉がかなり飛び交った。

日本人にとって自己責任とは、「人に迷惑をかけるな」という意味なのだ。「人様に迷惑だけはかけるな」と親や先生からいわれて育った人は多いだろう。日本人がよくこの言葉を口にするのは、地縁や血縁による共同体のなかでずっと生きてこなければならなかったからだと思う。それが会社や核家族に変われば、今度は「会社に迷惑をかけるな」とか、「親に迷惑をかけるな」ということになるのである。

もっとも、誰にも迷惑をかけずに生きることなどそもそもできない。人間は何もしなくても食糧やエネルギーなどの資源を消費するわけで、生きているだけですでに他の誰かに迷惑をかける存在なのだから。

人という漢字が表すように人は誰かに支えられながら生きていかざるをえない生き物だ。生きることは誰かに迷惑をかけることであり、誰かに依存することにほかならない。少しずつ人に依存し合い、少しずつ迷惑をかけ合いながら、人は人とつながっていることを忘れてはならない。

だから、何が何でも自立して、人様に迷惑をかけないように生きていこうということは、あまり強く考えないほうがいいのではないか。自立ということにとらわれすぎると、それこそ強い孤独へと自分を追い込むことになりかねない。

ときどきは「多少迷惑をかけてもいいか……」とか、「ちょっとお世話になろう」という程度の気持ちで生きていくほうが精神衛生的にもきっといいはずだ。

第四章　「孤独病」、その暴走の果て

妄想は孤独を癒す〝自己治癒的な試み〟

妄想と孤独には密接な関係がある。妄想は得てして強い孤独感のなかから生まれてくるからだ。

強い妄想を抱いている人にとって、現実は基本的に思うようにいかない不都合なものである。その状態を何とかしたい。自分のみじめな現状をひっくり返すようなことをしないと生きていけない……。そこで生まれてくるのが妄想なのだ。つまり妄想とは、自己愛を満たしてくれるような世界を、自分の思うまま投影してつくり上げたものなのである。

私も仕事柄、強い妄想にとりつかれた患者と接することがある。

そのなかに、自分は物理学者の湯川秀樹の息子だという妄想を抱いている患者がいた。その患者に湯川秀樹の息子だと思う理由を尋ねたところ、大学浪人のときにルイ二六世という架空の人物の声が聞こえてきて「お前は湯川秀樹の息子だ」といったのだそうだ。そのうえ、「僕は瞬《まばた》きをしない。湯川秀樹も瞬きをしない。だから、僕は湯川秀樹の息子なんです」という三段論法を使った説明までしてくれた。彼は偏差値の高い大学を受験したものの何度も落ち、以来ずっと家に引きこもっていた。他人と接することなく、家に引きこもっている間、自分のみじめで孤独な状況を癒すために、僕は湯川秀樹の息子だから賢いんだという妄想をつくり出し、それをどんどん膨ませていったのだろう。

こんな人もいた。私が通っていたスポーツジムによく来ていた五〇代くらいの自称女医。その女性はことさら自分が医者であることをひけらかし、メンバーの健康相談にのったり、薬を渡したりするのだが、何か妙に引っかかるものがあった。そこで、あるメンバーが彼女が卒業したという医大の卒業名簿をたまたま見る機会があったので、名前を探したところ載っていなかった。また、その女性の名刺に記載されていた病院に問い合わせをすると「そのような名前の医師はうちにはいません」という返事が返ってきたのである。

彼女はずっと独身で母親と二人暮らし。おそらく医者になりたかったという気持ちをずっと抱いており、そこに強い孤独感が混ざることで化学変化が起こって、〝女医物語〟が生まれたのだろう。

妄想は自己愛を満たすことで、現実における不遇な境涯を慰めたり、孤独感を癒したりする〝自己治癒的な試み〟ともいえる。


妄想のなかには、一見すると自己愛を充足させるようには見えない被害妄想もある。しかし、それもよく分析すると、自己愛を満たすものとして機能していることがわかる。

たとえば、国際的な陰謀に巻き込まれてＣＩＡから監視されているという妄想を抱いている人は、自分は国際政治を揺るがすほどの価値ある重要人物だと思っていることがある。そのことによって、強大な権力から追いかけられるという恐怖と不安を抱きながらも、強い充足感を覚えているのだ。

では陰謀説を強く信じる人はどうか。

ユダヤ人が秘密結社を通じて世界の政治・経済パワーを陰から操っているというユダヤの陰謀説、アメリカのＮＡＳＡによるアポロ計画で人類が月面に着陸したのはウソだったというアポロ陰謀説……俗に陰謀説と呼ばれるものがこの世にはたくさんある。こうした陰謀説の類《たぐい》は、部分的には論理の辻褄《つじつま》が合っていても、全体の整合性においては破綻をきたしていることが多い。それなのに頑なに信じている人が少なくないのは、「○○の陰謀は存在する」ということを信じたい気持ちがどこかにあるからだろう。

陰謀説を信じる人の多くは、この社会のなかでは主流派にもエリートにもなれないことにコンプレックスを抱いている。そのため、強いパワーを持った国や人物を貶めて一発逆転をはかるために、より強いパワーを秘めていると思われる陰謀を持ち出すわけだ。傍目《はため》には滑稽《こっけい》に見えるが、本人はいたって真剣である。そして、同じような世界観を持った人たちとネットなどを通してつながることで、より陰謀妄想を深め、また孤独からも救われるのである。

一般の人に身近に感じられる妄想としては、宗教もそうだろう。オウム真理教のようなカルト宗教はいうに及ばずだが、歴史ある大宗教ですらじつはその要素がないとはいいきれない。

ノーベル平和賞受賞者の医師にして神学者でもあるアルベルト・シュバイツァーは、イエス・キリストの奇跡的なエピソードや預言者的な言動が一種の妄想にもとづくものであることを示唆するいくつかの論文を学位論文のなかで紹介している（秋元波留夫訳『イエスの精神医学的考察』創造出版より）。

もちろん、シュバイツァーは敬虔《けいけん》なクリスチャンだったので、キリストが妄想を抱いていたことを否定しているが、キリストの妄想を取り上げた論文が存在すること自体、注目に値する。

宗教というものが多かれ少なかれ、妄想を土台にしてできているとするなら、人類の歴史において妄想が果たしてきた役割は途方もないものになる。宗教はその誕生以来、膨大な数の人間を救済しながら、同時に無数の人々に途方もない災厄をもたらしてきたのだから。

妄想には自己治癒的な側面があるが、同時に多くの人を巻き込み、犠牲にする危うさもはらんでいる。どんな妄想でも、「たかが妄想」などと侮ってはいけない。個人のちっぽけな妄想でも、ときと場合によっては歴史を変えてしまうほどの力を持つことがあるからである。

精神医学的に、妄想は三つの条件によって定義される。

まず一つ目は不合理な内容であること。たとえば自分はＦＢＩに追いかけられているとか、隠れた世界連邦政府の大統領であるとか、被害的なこともあれば誇大的なこともあるが、いずれにせよ内容が現実離れしている。

二つ目は不合理な内容であるにもかかわらず、本人がそれを確信していること。

三つ目は周囲が、あなたはＦＢＩになんか追いかけられていないとか、大統領ではないと訂正を試みても、本人は強く信じ込んでいて訂正不能であること。

以上が厳密な意味での妄想の定義だが、妄想がそこまで発展すると、周囲と摩擦を起こしやすく、トラブルになることが多い。そのため、家族が病院に連れて行こうとするのだが、本人は頑として拒否することが少なくない。自分は病気であるという意識、つまり「病識」がないせいであり、こうした「病識の欠如」は妄想患者にしばしば認められる。

「孤独」を隠れたキーワードとする巨大マーケット

現実世界の事実と妄想が矛盾をきたすと、妄想患者は周りを納得させる術《すべ》を持たない。ところが、そうではないタイプの人がいる。矛盾を指摘されても、さらに虚言を弄《ろう》し、細部を改変して、周囲をいいくるめることができるのだ。

あのSTAP細胞騒動を起こした元理化学研究所の小保方晴子さんがまさにこのタイプである。

小保方さんの釈明会見を見た人のなかには、「小保方さんは間違っていない。応援しなければ……」と思った男性がけっこういた。

漫画家のやくみつるさんは、「会見を見て思ったのは彼女が〝善意の人〟であるということ。気持ちが揺らいでいるようにも見えなかったし、ウソで塗り固めているようにも見えません」とコメントしていたし、同じく漫画家の小林よしのりさんは「割烹着《かっぽうぎ》で出てきたときより比べものにならないくらい魅力が増していたよね。若干やせたことで見事な美人になった……あの会見で小保方さんを批判する人には〝じゃあ、お前やってみろよ〟といいたい」とまで述べている。

小保方さんは、妄想を抱いているわけではないが、空想虚言症であると私は思っている。空想虚言症とはスイスの精神科医アントン・デルブリュックが報告した症候群で、架空の事柄を細部にわたるまで本当のことらしく物語る。小保方さんにはまったく罪悪感がないように見えるが、これは自分の願望を投影した空想と現実を混同するせいであり、空想虚言症の特徴だ。

小保方さんの振る舞いを見ていると、非常に自己顕示欲が強いタイプであることがわかる。再生医療の研究というのは何十年も同じテーマについて試行錯誤を重ねていく地味なものである。小保方さんは、長期間研究室にこもってもそれが日の目を見ないことを強く恐れたのではないか。彼女にとって自分の願望を投影した空想は、その時間を一気に早回ししてくれるものだったように見受けられる。

このような空想を抱いている人は、現実世界では欲求不満を抱いており、孤独な状態にあることが多い。あるいは傍目には孤独には見えないが、本人は誰も自分のことを本当には理解してくれていないと感じていることもある。

だが、空想の物語をうまくつくり出せば、空想世界のなかで自己愛が満たされ、孤独感も解消される。空想が孤独から自分を救ってくれる道具として機能するのである。

空想は非常に危うい面を持っているが、本人のなかで自己完結している類のものであれば別に構わないのではないか。普通の人が持っているファンタジーと呼べるような他愛のない空想は、その程度であれば人生を豊かにしてくれるものとして、むしろ必要かもしれない。

たとえば、若者がアイドルグループ・AKB48のメンバーの誰かに「あの子と恋人になれたらいいな」とか、主婦が韓流スターに「甘い言葉を囁《ささや》かれたい」といった空想を抱くのは、満たされぬ現実を埋め合わせるための願望充足行為であって、人生をより生きやすくしてくれるものである。

AKB商法は、そういう空想をじつにうまく利用していると思う。AKB48のメンバーは全員恋愛禁止だが、それは女の子たちに処女でいてほしいというファンの願望を損なわないためのものでもある。

メンバーの女の子も、ものすごく美人でかわいいというよりは、身近なところにいそうなちょっとかわいい目の感じの子が多い。つまりファンが等身大で付き合えそうな感覚を抱けるような子を選んでいるのだ。

ファンがもし現実世界で恋人をつくってリア充になったら、AKB48のファンである必要はなくなるかもしれない。彼らが女性にモテず、孤独なほうが、コンサート会場に足繁く通ったり、握手券付きCDを大量に購入したりしてくれるはずだ。

AKB商法に限らず、世の中には、このように〝孤独〟につけ込んでいる市場がじつはたくさんあるのである。

グーグルが神にとって代わる？

先ごろ、米国の「ウォールストリート・ジャーナル」の電子版が配信した記事が、欧米の宗教関係者の間でちょっとした話題になった。

「グーグルは神にとって代わるのか？」と題するその記事の内容は、米国内において信仰を持たない無宗教者が急増しており、その背景にはネットの急速な拡大があるというものである。

詳しい内容はこうだ。

米国内で特定の宗教を持たない層がどの程度いるのかを調べたシカゴ大学の調査データを、オーリン大学コンピュータサイエンス学科のアレン・ダウニー教授が分析したところ、無宗教を自認する人の割合は一九九〇（平成二）年の八パーセントから二〇一〇（平成二二）年には一八パーセントまで増え、それと軌を一にするようにしてネット使用者の割合は八〇年代まではゼロだったのが、二〇一〇年には週二時間以上使用する人が五三パーセントに、七時間以上使用する人は二五パーセントにまで上がった。

統計学的にはこの二つの間には相関関係はあっても、因果関係はない。ところが、ダウニー教授が詳しい分析をさらに試みたところ、無宗教層の二五パーセントはネットの普及と関係しているという計算結果が導かれた。

米国で信仰されている宗教のほとんどはプロテスタントとカトリックだが、いまやネッ

図表7　インターネットの普及率と無宗教人口の割合

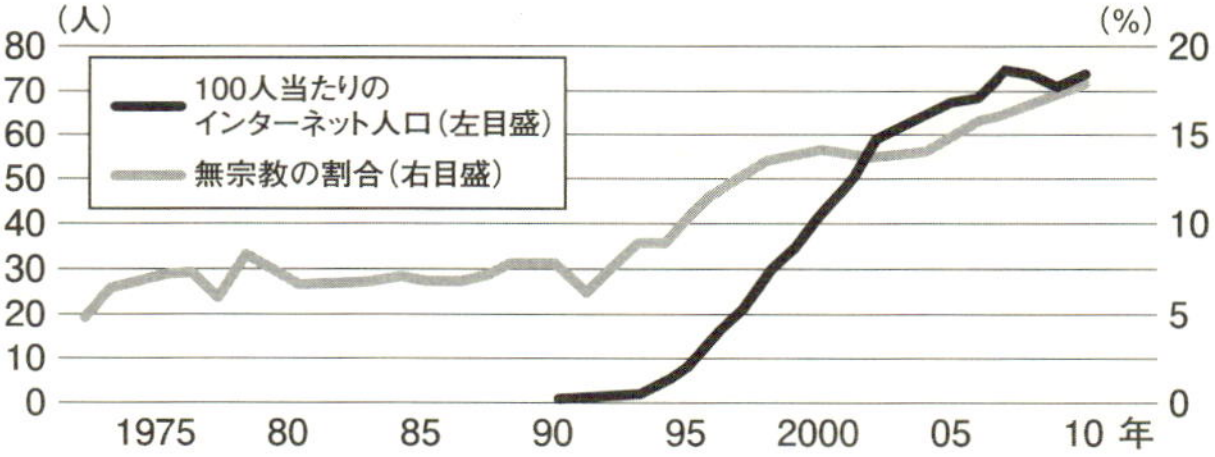

出所：MITテクノロジーレビュー

トの影響により無宗教層が一大勢力になりつつあるようだ。米国の人口は三億一八九〇万人（二〇一四年現在）なので、無宗教者が二〇一〇年からさらに増加していると仮定すると現在約六〇〇〇万人近くいると推定される。

こうした分析を受けて、「ウォールストリート・ジャーナル」の電子版の記事は、「一体、われわれの日常の信仰を誰が担うのか？　神なのか、グーグルなのか？」と問題提起したわけである。

グーグルに象徴されるネットはいまや既存の宗教の神にとって代わる、前代未聞の新しい神になりつつあるのではないか？　というのだ。

ネットの簡単で気軽という利便性を考えれば、人を孤独から救う宗教と同じ機能をネットが代替していくのはよくわかる気がする。簡単に見知らぬ人とつながることができるネットは、その効果の度合いはともかくとして、紛れもなく現代人の孤独を癒す格好の道具なのである。

一方でキリスト教、イスラム教、仏教といった既存の宗教はSNSなどネットを使った宣伝、布教活動に余念がない。

これとは並べることはできないにせよ、たとえば、最大のテロ組織であるイスラム国（IS）などは戦士のリクルート活動にネットをきわめて効果的に使っている。あるイスラム国戦士のツイッターは何万人ものフォロワーを集めたりもしている。よかれ悪しかれ、宗教の神様たちもさまざまな形でネット化しつつある。

ネットは今後、既存の宗教にどれほどの影響を与え、人々の信仰心をどの程度変えていくのか？　宗教にとって代わる、新しい神のような力を持つようになるのか？　その興味深い行方にはこれからも目をこらしていく必要があるだろう。

「信用できるのはお金だけ」という人たち

以前、銀座のクラブホステスたちを特集したテレビ番組を見たことがある。そのなかで「この世の中で一番大事なものは何ですか?」という質問に対して、「お金」と即答した女性の割合が多かったのがとても印象に残った。

なかには「男は裏切るけど、お金は裏切らないから」という理由を添える人が何人かいたが、他のホステスたちも似たような心情を持っているのではないか。つまり、人は信用できないけど、お金は信用できるというわけだ。

お金は結局、彼女たちにとってもっとも手っ取り早く、しかも効果的に孤独を埋めてくれるものなのだろう。だが、現実にはいくらお金を貯めても、孤独を完全に埋めることはできない。彼女たちの孤独はそれほど深い。簡単には埋められないから、もっともっとお金が欲しいと際限がなくなっていくのである。

ところで、キャバクラやクラブ勤めの女性が客にリクエストするプレゼントの上位には、ブランドもののバッグが必ず入る。フロイトにいわせれば、バッグというのは精神分析的には性的な意味合いを持っているということになる。男性器を入れる女性器の象徴とみなされるからだ。同時にそれはお金や愛情を入れたいという無意識的願望が投影された器という解釈もできるのである。

世の中には守銭奴のようにお金に異常に執着するお金持ちがいる。こういう人たちは、ほぼ例外なく孤独であることが多い。家族がいても家族すら信じず、亡くなってから莫大《ばくだい》な遺産をめぐって遺族が骨肉の争いを起こすようなことがよくある。傍から見ると、それほど莫大なお金など死後の世界に持って行けるわけではないのだから、社会に貢献できるような活動や事業などに寄付でもすればいいのにと思ってしまうが、彼らにはそんな発想はまったくない。

財産や保険金目当てで高齢者と結婚しては相手を殺すということを繰り返していた女性が先ごろ大きな話題になったが、こういう人も心のなかでは満たされない空虚感を抱えていたのではないか。

このような女性が狙《ねら》うターゲットは、みな孤独な一人暮らしをしていた高齢者だった。犠牲になった男性たちはこの女性がお金目当てで近づいてきていることを知りながら、それでも一人暮らしの寂しさよりはまだましと思っていたそうだ。孤独な女性が老人の孤独を食いものにして相手を殺《あや》める——いまの時代ならではの、ひどく荒涼としたものを感じさせる犯罪である。

孤独ゆえにお金に執着する人は、子どものときに親からちゃんとした愛情をもらっていなかったり、他人が信用できなくなるほど辛辣《しんらつ》な体験をしたりしていることが多い。

孤独が根深いほど、他人と深く交わったり、強い信頼関係を築いたりするのが難しい。この人はもしかしたら信頼できそうだ。そう思って付き合い出しても、少しでもマイナスの面を見せられると、やはりこの人も違うという判断をこの手の人はすぐにしてしまうからだ。

誰にでもエゴイスティックな面やずるい部分がある。だが、癒しがたい孤独を抱えている人は、そうしたものがわずかでも見えると自分のことを棚に上げて、きびしい審判を下す傾向が強い。裏返せば他人に対する期待が大きすぎて、現実に応えられる人がどこにもいないということだ。そのため、ますます自らの孤独を強固なものにしていくのである。

ところで、なぜお金は孤独を埋めてくれるものとして期待されるのだろうか？

おそらく、お金がこの社会において、魔法のような力を発揮してくれるという幻想を大衆が抱いているからだろう。

お金はいうまでもなく、サービスやモノと交換するためのものだ。サービス（service）というのは語源的に「奴隷」を意味するが、お金というのはまさに奴隷のように相手を奉仕させるために使われる。だからお金を払うほうは偉そうにできるし、わがままなこともいえる。逆にお金をもらうほうはペコペコして奴隷のように相手に従う態度をとる。

つまり、お金は人を支配できる道具なのだ。お金を使うことで、人は世の中における自分の力を実感できるし、他人から大切にされるという快感も得られるのだから。

もともと自分への肯定感が希薄で、強い孤独感を抱いている人は、お金のそんな魔力に引き込まれて、ますます執着を強めていく。そして、お金によってしか自分の価値や立場を確認できなくなってしまうと、皮肉なことにお金にその人自身が支配されてしまうのである。

パリ症候群という孤独

先ごろ、中国のある企業が六四〇〇人もの社員を連れてフランスのパリとニースを旅行したというニュースが世界中に発信され、大きな話題になった。じっくり鑑賞すれば四、五日はかかるルーブル美術館を借り切ってしまうほどの空前のスケールの団体旅行客がパリの街を席巻するさまを見て、現地の人は果たしてどう思ったのだろうか。

それにしてもパリの街ほど団体旅行が似合わないところはない。数十人規模の団体客ならまだしも六四〇〇人が一挙に押し寄せたのだから、パリの空気はその間、ふだんとは少し違うものになっていたに違いない。

パリの街というのは人を選ぶようなところがある。昔さる有名な日本の女流作家がパリの高級レストランで入口近くの一番ひどい席に案内されたことを憤慨しながら雑誌に書いていたことがあった。日本では私は作家先生として恭しくもてなされているのに、なんでこんな粗末な扱いを受けるのか、という怒りにかられたのだろう。

もっとも、パリの格式あるレストランにとって客は店の景色の一部なので、その景色を損なうと判断されれば、そのような扱いを受けることもある。ただ、そうした店の判断に、人種差別的な要因がないとはいえない。

お金を払っている側からすればものすごく傲慢に感じるだろうが、そんな傲慢さこそパリをパリたらしめているといってもいい。フランス人、とくにパリの人間は自分たちの文化こそ最高だと思っている。

昔、EUの首脳会議でフランスの経済界を代表する人物が英語でスピーチしたことに腹を立ててシラク大統領が途中退席したことがあったが、こうしたフランス人の自国語へのこだわりにまつわるエピソードはいくらでもある。

フランス人の傲慢さは、じつは彼らの超個人主義的な考え方と表裏一体の関係にある。そういう気質はしばしば旅行や留学でパリを訪れた外国人に強い疎外感を抱かせ、深い孤独へと追いやる。その状態が長く続くと、現地の文化や習慣に適応できず、ウツに近い症状を示す「パリ症候群」になりかねない。

パリ症候群にかかりやすいのは、雑誌やテレビなどのマスメディアが喧伝《けんでん》するステレオタイプのパリのイメージに憧れ、ファッションや映画や文学を通してフランスを極端に理想化した人たちだ。ところが、現実のパリは彼らを優しく受け入れてはくれず、どこまでも冷たく、よそよそしい。そんなギャップにショックを受け、パリ症候群に悩むことになるのである。

何を隠そう、私自身もパリ症候群にかかった一人だ。

少女のころ、漫画『ベルサイユのばら』の熱狂的なファンであった私は、そこから関心を広げ、フランス革命やマリー・アントワネットなどフランスに関する本を次第に読み漁るようになった。そして大学は仏文科へ進み、将来はパリで暮らすという夢を抱いていた。結局大学は、親の猛反対にあって医学部に進学した。だが、どこかであきらめきれなかったのだろう。医者になってから、フランスの精神科医、ジャック・ラカンの本を読み、「これこそ私が求めていたもの」と直感し、夫を日本に残して憧れのパリに単身留学したのである。

しかし現実のパリは甘くはなかった。フランス語に慣れていなかったこともあるが、接するフランス人の多くが私をバカにしているような被害者意識を次第に抱くようになったのである。そうして気分が塞《ふさ》ぎ、研修先の病院や大学に行くのも嫌になるほど外出が怖くなった。周りの日本人留学生も同じようにひどく孤独な雰囲気を漂わせていたが、お互い心を閉ざして仲良くなることはほとんどなかった。ところが、そんな鬱屈を抱いていたのに、家族や友人に久しぶりに会うといかにもパリの生活を楽しんでいるかのように振る舞っていたのである。

モラルハラスメントを提唱したことで知られるマリー＝フランス・イルゴイエンヌというフランスの精神科医が数年前に『Les nouvelles solitudes（新たなる孤独）』という本を書いた。

著者はそのなかで、フランス人の個人主義はときに深刻な孤独を招くほど行きすぎているのではないかということを述べている。フランスの知識人の間では、自分たちの超個人主義的な生き方は少しあらためたほうがいいんじゃないかという考えが芽生えつつあるようだ。

個人主義的な生き方は、自我という土台がしっかりできていないとできない。自我が確立していないとそれが必然的に招く孤独に対して耐性を持つことが難しいからだ。日本人の自我は、西欧人のそれとは大きく異なる。日本人の自我は、空気を読むという言葉に象徴されるように、集団を前提としてはじめて成り立つようなふわふわとした感じで、自我の輪郭が曖昧なのだ。

そのようなやわらかい自我がただ表面的に個人主義を真似《まね》することは、危険を伴う。個人主義的な発想や行動が必然的に招く孤独に対して自我が耐え切れず、脆《もろ》く崩れてしまう危険性を多分にはらんでいるからだ。

従来のコミュニティ機能が著しく衰退したいまの日本社会では、好むと好まざるとにかかわらず個人主義的な生き方が求められる。だが、そのせいで後戻りできない深刻な孤独が生まれているのもまた事実なのである。

第五章　「孤独病」を癒す処方箋

家庭は孤独を培養する器になった……

孤独感というのは、家族もなく、友だちもいない天涯孤独な人において、もっとも強くなるわけではない。

たとえば、家族と一緒に暮らしながらも、孤独を感じている人はいくらでもいる。むしろ、家族と一緒という状況は、天涯孤独とはまた違う趣の孤独を感じさせるに違いない。一つ屋根の下、家族といるのになぜこんなに孤独なのだろう？　という理不尽な思いが混じった孤独感だ。

このような思いを抱くのは、職場では孤独でも、家庭に帰れば孤独が癒されると信じ込んでいるからだろう。家族とは本来そのようなものだという思い込みを抱いているからこそ、家庭における孤独にかえって救いようのなさを感じるのである。

よくある仮面夫婦などは家庭内孤独の典型例だ。関係が冷え切っていて修復は到底できないが、子どもがいるために別れたくても別れられない。お互い自分の家庭内の役割を義務のようにこなし、必要最低限の会話しか交わさない。二人だけになる状況は気まずいので、なるべくそうならないようにいつも神経を遣う。子どもがいるときは子どもも交えて食事ができるから二人は向かい合わなくてすむが、子どもが家にいなければ食事時はお互い用事を装い時間をずらして食べたりする。夫婦の寝室はもちろん別々。旦那《だんな》は自分の部屋に簡易ベッドを持ち込んで寝るのが習慣になっている。妻も夫も毎日寒々とした気持ちで生活を送り、いつまでこんな生活をするのかという閉塞《へいそく》感と孤独に身を焦がす。そんな寂しさから子どもに一層依存し、子どもに過度の期待をかけることで結果的に子どもの心を押しつぶしてしまう。そんな仮面夫婦はおそらくこの世にごまんといるのだろう。

私も、家族との関係に問題があって家庭内で深い孤独感に苛《さいな》まれている方からの相談を受けることがよくある。

最近多いのは、いわゆる主人在宅ストレス症候群になった主婦の悩みごとだ。定年退職した夫が家に朝からずっといると、それまでは自由にやってきた妻が強いストレスを感じて、心身の不調をきたすことがある。ウツっぽくなったり、過換気症候群などの心身症になったりするのだ。絶えず不調というわけではなく、夫が用事で長時間外出すると気持ちは落ち着くものの、帰宅時間が近づくにつれ不安が膨らみ、胃や頭が痛み出すという人もいる。団塊の世代が定年退職を迎えた二〇〇七（平成一九）年以降、こうした主人在宅ストレス症候群にかかる女性が右肩上がりで増えているようだ。

妻が主人在宅ストレス症候群にかかりやすい夫の傾向としては、妻は家にこもって家事をし、夫に尽くすものだと思っている保守的なタイプが多い。濡《ぬ》れ落ち葉のように妻にまとわりつき、妻が外出しようとすると「どこに行くんだ？」とか「何時に帰ってくるんだ？」と執拗《しつよう》に干渉する。外出中も「早く帰って食事の支度をしてくれ」だの「俺が昨日着てたシャツはどこにしまったんだ？」だのと妻の携帯にしょっちゅう電話をかけてくる。

精神的に追い込まれた妻は夫と別れたいが、一人暮らしをするのは経済的な不安からなかなか難しい。そんなもどかしさも手伝ってますます調子を崩していく。一方夫は、妻のつれない態度を見て、自分のことを本当に愛してくれているんだろうか、病気になって倒れたら面倒を見てくれるのだろうかという不安と孤独感に苛まれる。

夫は、料理や洗濯などの家事がろくにできないので、余計に妻に依存することになる。だから、こういうタイプの男性は生活面でまず自立することが必要である。妻がいなくても簡単な料理を最低でもつくれるよう、料理本を買ってきて研究するくらいの努力はするべきだろう。そんな努力をする夫の姿を見れば、妻の気持ちも少しずつ変わってくるかもしれない。

また夫は外にいろいろと用事をつくって、家から出ることも大事だ。趣味のサークルに入って同好の仲間と活動したり、定期的にスポーツジムに通ったり、ほどほどの熱を持って打ち込めるものを何かつくるといい。

もっとも主人在宅ストレス症候群の原因を、自立のできない夫にばかり求めるわけにはいかないと思う。なぜならそんな夫の現役時代を妻はそれほど文句もいわず受け入れていたのだから。平日はほとんど家にいない夫を、お金さえ家計に入れてくれたらOKな存在として、妻は見ていた……。夫のほうからすれば、それは「いいとこどり」ではないかと反論したくなる部分もあるだろう。つまり、夫だけでなく妻にも、相手との信頼関係を築く努力を長年怠けてきた責任があるともいえる。

苦悩を訴える妻の声だけを聞けば、主人在宅ストレス症候群の原因は夫側に一方的な問題があるかのような印象を抱いてしまうが、妻も妻で問題がないわけではないのである。

主人在宅ストレス症候群にかかる妻とその夫は、定年退職する以前からじつは仮面夫婦とまではいかなくても、その予備軍くらいの可能性をはらんでいることが多い。その意味では、夫婦間の問題が浮き彫りになるはるか以前から、妻も夫もときおり家庭内の孤独を感じていたかもしれない。そんな孤独を直視せず、ごまかしてきたツケが主人在宅ストレス症候群という形になって表れたといえなくはないだろう。

家庭内において孤独病にかかるのは、無論夫婦だけではない。高齢化社会を反映して、家庭内での孤独に悩む老人もとても多い。

介護の必要がある老人を家族が邪魔者扱いするケースがいま非常に増えている。そのなかには、親が歳老《とし》いて介護が必要になったため、子どもが家に引き取って面倒を見ている場合も少なくない。

先日姑《しゅうとめ》に付き添って診察室にやって来た六〇代の女性は、姑の世話を自宅で一生懸命やっているのにまったく感謝されないと嘆いていた。食事も姑の好みに合うよう工夫してつくっているのに、いつも「美味《おい》しくない！」と文句を垂れるし、息子である夫にも不平不満があるのか理不尽な暴言をしょっちゅう吐く。もう耐えられないといって九〇歳を超えた姑をわざわざ診察室まで連れてきたのである。

歳をとって体がいうことをきかなくなったり、認知症の症状が見られ始めたりすることで、同居している息子や娘たちが親を疎むという話はよくある。子どもたちは介護施設に入れたいのだが、経済的な理由もあって家で仕方なく介護をする。そんな状態に置かれた老人は強い疎外感と孤独を感じるに違いない。

自分の世話をしてくれている息子や嫁に辛く当たるこの九〇歳過ぎの老人もまたどこかで疎外されていることを感じ取り、その孤独からくる苛立《いらだ》ちを息子夫婦にぶつけているのかもしれない。

家庭というのは本来、個人が表で感じた孤独や不安を癒してくれる器であったはず。しかし、いまやそれは逆に孤独を培養する器になりつつある。同居している家族というもっとも親しいはずの存在によって、孤独へ追いやられる人はこれからますます増えていくのではないだろうか。

引きこもりという奇妙な孤独

現在、国内で引きこもりといわれる人の数は、まれに外出する程度の人も含めると三〇〇万人を超えているといわれている。海外にも引きこもりはいるが、人数的に日本は桁違《けたちが》いに多い。それだけ際立っているのは、後述するような日本ならではの特殊な事情によるようだ。

私の外来でも、引きこもりで相談にみえる方が年々増えている。

引きこもりは、女性に比べて男性が圧倒的に多い。男性と女性の比率は、おおよそ三対一といったところ。なぜ、男性にこれほど引きこもりが多く、女性は少ないのか。

その一因として、女性の場合、引きこもっていてもいろいろといい訳できることがあるのではないか。世間は実家をいつまでも出ようとしない女性に対しては比較的優しい見方をしてくれる。花嫁修業をしている。親の介護をしなくてはいけない……。そんなふうに見てくれるわけだ。

片や男性に対しては、社会に出て稼ぎ、家庭を持ってやっと「一人前」といった見方をする。男性のほうが女性に比べて社会から求められるものがきびしく、ハードルが高い。その結果、いったん引きこもった男性は、なかなか外に出づらくなってしまうのである。

引きこもりに陥る人は、総じてプライドが高く完全主義の傾向が強い。完全主義の人は、一〇〇を目指してそれが叶わなければゼロでいい、というような極端な振れ方をする。一〇〇とゼロの間がないわけで、もし仕事も生活も五〇もあれば上出来といった感覚があれば、引きこもりになる可能性は低いように思われる。

理想もプライドも高いから、就職の口があっても自分の眼鏡にかなうものでなければなかなか動こうとしない。妥協して働き始めても、ちょっと不満や不服があると、「所詮《しょせん》自分の能力が発揮できる仕事ではない」などといい訳をしてすぐに辞めてしまう。

私のところへ相談にみえる引きこもりの方も、そんなタイプが多い。

ある名門大学の大学院の博士課程を出たものの、就職ができないため引きこもりになった男性が、以前私の外来に通院していた。大学の研究職は就職の口が少なく難しい。かといって、警備員の仕事やコンビニでのアルバイトはプライドが許さない。そのため、自分は何のために勉強をしてきたのかという思いがうっ積するばかりで、ひどく孤独な状態に陥っていた。親が裕福なのでいまは何とか食べていけるが、もし突然親が何かの理由で経済的に困窮したらどうするのだろう？　と傍で見ていてつい思ってしまう。

実際、診察室で、引きこもりの子どもを持つ親御さんから、「私が生きているうちは年金で何とかなりますが、私が死んだら一体どうなるのかと考えると死ぬに死ねません」などと泣きつかれたことは一度や二度ではない。

もっとも、引きこもっていることそのものに、さほど葛藤も悩みも感じていない方も意外と多い。

精神科の外来を受診するというと、本人が社会に出られないことをとても辛く感じており、にっちもさっちもいかない状況を想像されるかもしれない。しかし、ヤドカリのように実家という貝のなかでさして不満も抱かず自足している方も少なくない。

では、なぜ相談にやって来るのか。一番多いのが不眠症である。高校を出てから一度も就職したことがなく、実家で母親と二人で暮らしている男性が相談に来たことがあった。昼間からテレビやネットをずっと見ているだけで、外出も散歩もしない。昼夜の区別のない生活をだらだら続けているせいで、夜眠れなくなり、外来を受診したのである。

引きこもりの人は、自分が働かなくても親の年金や経済力に頼って生活しているという場合が多い。そのため、親がそれを許すから、引きこもりから抜け出せないのだと批判する向きもあるようだ。

その一方で親に頼ることができず、仕方なく生活保護を受けながら引きこもっている人もそれなりにいて、私のところにも何人か来ている。生活保護の受給者数は二〇一五（平成二七）年三月時点で過去最多の約二一七万人。そのなかには、おそらくかなりの数の引きこもりがいるはずである。

生活保護を受けながら引きこもっている人は、ケースワーカーのすすめでハローワークに行くのだが、たいていはうまくいかない。職歴も学歴もない人が多いので、書類審査ではねられたり、仮に面接にこぎつけてもコミュニケーション能力が乏しかったりしてなかなか採用してもらえないのだ。そもそも就職する気が乏しく、ケースワーカーにいわれるまま形だけハローワークに行っているケースも多い。

現在親の経済力を頼りに引きこもっている人たちも、親が大金持ちでない限り、いつまでも親には頼れない。二〇年、三〇年後には、親の支えを失った引きこもりが大きな社会問題になる可能性が高い。受給資格がきびしくなりつつある生活保護は、果たしてそのとき受け皿になりうるだろうか。巨額の赤字を抱えた国家財政の面からも、引きこもりは深刻な問題になるに違いない。

引きこもりの背景にあるマザコン文化

引きこもりや、親といつまでも同居し続けるパラサイトシングル。男性の場合、その背景にあるのは日本固有のマザコン文化だと私は思っている。男性は基本的にみなマザコンだが、母親とどう距離をとるかでマザコン度は当然変わってくる。

フロイトの精神分析理論によると、男性にとって最初の愛の対象は母親である。そして成長するにつれて、そこからどうやって離脱していくかが大きな課題となる。フロイトはそれが理想的な形で解決されるのはきわめてまれだと述べている（高橋義孝・下坂幸三訳『精神分析入門〈下〉』新潮文庫より）。

もっとも、母親から離れ自立していくことが求められる文化と、それに対して比較的寛容な文化とでは結果が大きく違ってくる。日本は、後者の文化をゆるやかながら連綿として持つ国である。

たとえば、『源氏物語』の主人公・光源氏は、若くして亡くなった母親・桐壺《きりつぼ》更衣の面影を女性に追い求め、多くの女性と恋愛遍歴を重ねる。また、宮崎駿《はやお》さんのアニメに登場するヒロインは、少女であってもみな芯《しん》が強く母親のような包容力と優しさを持っており、母親の代理を女性に求め続けるマザコン男の無意識の欲望を満たそうとしているように見える。このように、日本の文学やアニメには、マザコン文化の影響を受けた作品が少なくないのである。

私の知り合いにも、九〇歳を超える母親と生まれてからずっと一緒に暮らしている七〇歳過ぎの男性がいる。その男性は学歴も教養もあるが、資産家で裕福なので、働いたことがほとんどないらしい。母親と一緒に七〇年以上暮らすというのもある意味怖いものがある。

一昔前までは、子孫を残して家を存続させなくてはいけないなどといって半ば強制的に結婚させられていたのが、いまはそのような封建的な縛りがない。男性にとって、「家を早く出ろ」と文句をいわない母親と一緒に暮らすのは居心地がいいようだ。毎日自分の好きな食事をつくってくれるし、部屋の掃除もまめにやってくれる。家賃もかからないので仕事で稼いだお金はそのまま遊びや貯金に回せる。片や母親も母親で、息子をよその女にとられるより自分の手元に置いておきたいという願望があったりするから、そういう状況にどこか満足していたりする。つまり共依存の関係なのである。

実際、子どもが引きこもりになって相談をしにくる母親の話を聞いていると、「困っているんです……」という言葉とは裏腹に、ある種の満足感のようなものが漂っていることが多い。もちろん当人たちはそれをはっきり意識しているわけではないが、「最愛の息子は私がいないとダメ」「息子は私を必要としている」という強い思いが母親としてのアイデンティティを支えていることがうかがえるのである。

男性が引きこもりやパラサイトシングルになる背景には、子どもの自立を阻むマザコン文化がかなりの割合でからんでいると見て間違いない。同時に、マザコン文化は、引きこもりの男女比において、男性のほうが圧倒的に多い一因でもあるように思われる。

マイルドヤンキーという生き方をモデルにする

身近なところでちょっと周りを見渡すと、孤独の問題に有効なヒントを与えてくれそうな生き方はいろいろある。なかでも、私はマイルドヤンキーと呼ばれる人たちのライフスタイルに注目している。

マイルドヤンキーとは別に不良という意味ではなく、博報堂ブランドデザイン若者研究所のマーケティングアナリストの原田曜平さんが定義した、ある傾向を持つライフスタイルを送っている人たちのことを指している。
それによるとマイルドヤンキーとされる人たちの主な特徴は以下の通りである。

- 地元（半径五キロ以内）から出たくない。それゆえ遠出を嫌う
- 「絆」「仲間」「家族」という言葉が大好き
- 車（とくにミニバン）が好き
- イオンＳＣに代表されるショッピングモールが好き
- 音楽グループ「ＥＸＩＬＥ」が好き

それに加え、

- 小中学校時代からの友人たちとよくつるむ
- 上昇志向が希薄（保守的）
- ＩＴへの関心とスキルが低い
- 低学歴、低収入
- 郊外や地方に住む

といったこともよく見られる共通点とされる。仲間を大切にしたり、〝ヤンチャ〟なテ

イストを好んだりするところが昔のヤンキーに少し通じるので、マイルドヤンキーと名づけられたようだ。

企業はマイルドヤンキーが持つ市場の大きさに目をつけており、すでに動き出しているところもある。たとえばマイルドヤンキーが好むちょっとヤンチャな感じをデザインや装備に取り入れた軽自動車が何車種か開発されているが、いずれも売れ行きがいいそうだ。

マイルドヤンキーと呼ばれる人たちは背伸びをせず、他人と比べない等身大の生き方をする。仲間や家族を大切にする。彼らの幸福度はきわめて高いといわれているが、それもむべなるかなである。彼らのような生き方は、おそらく老後に至るまで孤独とは無縁である可能性が高い。

それにしてもマイルドヤンキーの生き方はきわめてまっとうな感じがする。それはある面で、人間が昔からずっとやってきた当たり前の生き方に通じるからだろう。

地元で生まれ育ち、地元で生活する。地元の仲間を大切にして、ずっと仲間であり続ける。自分たちの生活圏の外にあるものにあまり関心を抱かない。そんな生き方を日本人ははるか昔から普通にやってきたのではないだろうか。

従来のコミュニティ機能が弱まり、都市型のライフスタイルが日本中を覆い尽くしてしまったかのようななかで、そんな昔ながらの生き方をする層がいま復活しつつある。ただ、それは昔のような地縁や血縁によるつながりとは少し色合いが違う。その意味では旧くて新しいライフスタイルといえよう。

地方と都市、非正規社員と正規社員、格差がますます広がる社会にあって、マイルドヤンキー的なライフスタイルが今後大きな潮流になっていくかもしれない。こうしたスタイルは、この孤独な無縁社会を希望ある方向へ導くものとして格好のモデルになるのではないだろうか。

「おひとりさま」や「隠居」という型をつくる

結婚せず独身で生きていくシングルの女性を「おひとりさま」と呼んだりする。「おひとりさま」という言葉には、一人暮らしにつきまとう孤独感といったものが感じられない。ネガティブな匂《にお》いがする一人暮らしを、むしろ積極的に肯定する優雅な響きすら持っている。

単なる孤独な状態を「おひとりさま」と表現するスタンスには、孤独な生き方をある種の「型」に落とし込んでポジティブなものにしようという逆転の発想めいたものが感じられる。

型というのは、茶道とか華道といった芸事が持っている型と同様のものである。茶道や華道はある型のなかに入って、型を追求することで自己を開花させるという道筋を辿《たど》るが、それに似た型のようなものを「おひとりさま」は持っているような気がするのだ。

では、「おひとりさま」の型とは具体的にどのようなものなのだろうか。

もちろん、一人ひとり型なんて違っていてもよいのだが、「おひとりさま」と呼びたくなるような生き方をしている一人暮らしの女性には、どこか共通するものがあるように見える。

同じ「おひとりさま」同士のネットワークを持っている。つかず離れずの感覚で友だちとうまく付き合っている。共通する趣味の仲間を持っている。生活に緩みがない……このように「おひとりさま」をやっていく基盤がしっかりしているなと思わせるものが認められる。

「おひとりさま」として生きるうえで、同じ立場にいる他の「おひとりさま」と友だちになったり、ネットワークをつくるのは、かなり大事なことだ。

若いころからの友人は家庭に入ると、子どもの教育や家族のことに関心が向かうので話が合わなくなることが多い。だが、「おひとりさま」同士なら寂しさや孤独や不安といったものを共有し、共感できる。

ときには疑似家族のような付き合い方も可能だろう。家族がいれば大きな災害にあったときには助け合えるが、一人暮らしではそうはいかない。そんなとき、「おひとりさま」同士のネットワークを築いていればお互いに助け合うこともできる。

もちろん「おひとりさま」ではない人とも趣味やボランティアなどを通じて、知り合ったり、友だちになることも大事だ。要はさまざまなタイプの人とつながりを持つことが、孤独病に陥るリスクを避けることにつながるのである。

また「おひとりさま」の暮らしは、自分一人だけの生活なので変化に乏しく、単調になりがちである。その意味では新しいことにいろいろ挑戦していくことも必要だろう。最近は夫を亡くした高齢の女性が短期海外留学をすることがあるそうだが、自分の可能性を広げることを積極的に見つけて行動するのはとてもいいことだと思う。

一般に自分のために何かをするときよりも、他人のために何かをするときのほうがエネルギーが出てくるものなので、一人暮らしの難しさはそこにある。自分のためだけに生活しているという気持ちは、モチベーションを絶えず更新していかないと張りを失いがちだからだ。

食事にしても、家族のためと思えば、家族の喜ぶ顔を思い浮かべながらこった料理もつくれるが、自分だけのためと思うと簡単な手抜き料理ですませたりする。掃除でも自分一人なら少々汚れていても、「まあいいか」とサボりがちになるかもしれない。つまり一人暮らしは自由で気ままだけど、それゆえに生活が緩んでだらしなくなる危険性がある。

しかし、「おひとりさま」的な生き方をしている人はそこで気を抜かない。ちょっとした惣菜《そうざい》を買ってきても、生活が緩んでいる人はパッケージに入ったまま箸《はし》をつけるようなことをするが、「おひとりさま」は自分がつくった料理と一緒にお皿にきれいに盛りつけて食べるのである。「おひとりさま」をするには、料理や掃除の手を抜かないなど、メリハリのある生活をリズムよく回していく工夫がとても大切なのだ。

診察室にやって来る引きこもりの方のなかには、クリスマスや正月が近づいて周囲が浮かれてくると、かえって気が滅入《めい》ると訴える方がいる。自分一人だけ取り残されたような寂しさがあって辛いというのだ。引きこもりに限らず、一人暮らしだと、この時期多少とも似たような寂しさを感じるのではないだろうか。

その点、「おひとりさま」はクリスマスや正月に向けた対策にも抜かりがない。友だちを呼んでパーティを開いたり、グループで旅行に出かけたりすることをちゃっかり計画するのである。

「おひとりさま」の型というものをあえて挙げるとすれば、いま並べたようなことになると思う。一人の生活でも楽しく、気持ちよく暮らすんだというはっきりした意思が、こうした型をつくるのである。

「おひとりさま」の型をつくるといいのは、何も一人暮らしの女性に限った話ではない。

一人暮らしの男性も、これと同じような型をつくるといいと思う。

もっとも、男性には「おひとりさま」に対抗しうる「隠居」という伝統様式が江戸の昔からある。

隠居という言葉そのものは平安のころからあったそうだが、隠居と文化がくっついて、いわゆる隠居文化が生まれたのは江戸時代に入ってからといわれている。いまのように平均寿命が長くなかった江戸時代の人々は、早ければ四〇歳を過ぎると家督を譲って隠居した。職人も商人も武士も、階級を問わず隠居した。

江戸は太平の世であったことから、多岐にわたって学問や芸術文化が花開いた時代である。そして、その多くは隠居した人間の手によって育《はぐく》まれた学問や文化なのだ。たとえば、松尾芭蕉《ばしょう》、伊能忠敬《ただたか》、井原西鶴《さいかく》などの後世に残る業績も、彼らが隠居してから生まれた。

隠居文化は、もちろん毎日ブラブラするだけの何もしない生活からは生まれない。人生をより豊かにするための積極的な姿勢こそが、隠居文化をつくるのである。

私の知り合いに、勤務先の金融機関での出世に早々に見切りをつけ、強い隠居志向を持ちながら絵の世界に浸っている男性がいる。その方は三〇代のころから絵画教室に通って絵の勉強を始め、五〇代のいま展覧会に定期的に出品したり、仲間とスケッチ旅行に出かけたりしている。定年まで残りわずかだが、退職後は隠居カルチャーライフを心ゆくまで満喫するに違いない。

水戸黄門として名高い水戸藩主徳川光圀《みつくに》は隠居後に、『大日本史』という大著の編纂《へんさん》作業に力を傾注し始めたが、光圀のように隠居後、文化事業に本腰を入れたり乗り出したりした殿様はたくさんいる。彼らはみな、隠居してはじめて趣味の世界に没頭したわけではなく、現役の殿様時代から芸術や学問に親しんでいた。

つまり、隠居カルチャーを追求するには、ある程度若いころからの下準備が必要なのだ。何の助走もなく、隠居してからいきなり何かを始めようとしても、所詮長続きはしないだろう。

いずれにせよ、男性が長期的な視野に立って隠居の型を追い求めることは、老後にかかりやすい孤独病を回避するためにも、かなり有効な選択肢になるに違いない。

芸事でも仕事でも何かしようというときは、型から入っていくのが大切だ。型から入っていくと、具体的なとっかかりができるし、早く前に進めるからである。

寂しさを何とかしたいとか、孤独な状態をどうにかしたいという思いから自分の内面を掘り下げるようなことは、あまりおすすめできない。そうではなく、まず「おひとりさま」なり「隠居」なり、あるモデルとなる型を意識して型から入ってみる。そうすれば、一人暮らしをポジティブにとらえ直すことができるのではないだろうか。

「オバチャン力」が孤独病を防ぐ

長年連れ添った夫婦で妻が夫より先に逝くと、残された男性は元気がなくなり、長生きできないケースが多いという。

反対に夫が妻より先に逝くと、残された女性は旦那の呪縛《じゅばく》から解放されたかのように元気になることが多い。海外旅行にちょこちょこ出かけたり、趣味に一層打ち込んだりして、人生を謳歌するような生き方をしている姿を実際よく目にする。

そんな光景を目にすると、女性のほうが、孤独というものに対して強い耐性を持っていると感じる。その背景に、料理をはじめとする家事ができる、できないという、生活能力の差があるのはたしかだ。

料理をつくったことのない男性が妻に先立たれると、コンビニでお弁当を買ってきてそれで三食すませてしまうことも多いらしい。毎食コンビニ弁当を家で味気なく食べている姿には孤独感が滲《にじ》み出ているが、それまで何もつくったことがない人がいきなり料理を始めるのはけっこうハードルが高いのだろう。

たしかに、お店で食材を選び、時間と手間をかけて料理をするのは大変だ。だが、その分つくる喜び、食べる喜びがあるので、独り身の男性が孤独病に陥らないためには、少なくとも料理の心得ぐらいは最低限必要なのではないか。

家事ができない男性は、生活に対してどうしても受け身になる。生活に受け身かそうでないかは、人生に積極的な気持ちをどれだけ抱けるかを左右するとても大事なことだ。たとえば、料理などの家事を難なくこなせる人は、日々生活を自分の手でつくっているという感覚を抱けるが、そうした感覚は一人暮らしになっても孤独病に陥らないストッパーになってくれるはずである。

生活力とは、生活するための実用的な能力だけにとどまらない。生活というのは小さなことの積み重ねである。そんな小さなこと一つひとつに神経をくばり、ちょっとした喜びを見出すこともまた生活力のうちだと思う。

スーパーへ買い出しに行って、油揚げがいつもより一〇円安かったりするとそれだけで得した幸せな気持ちになる。小さな鉢植えの花を買ってきて毎日水をあげることに喜びを感じる。朝の紅茶がいい香りを立てているだけで今日一日いいことがありそうな気分になる。バーゲンで安く手に入れた服が気に入り、それを休日着るのが楽しみで仕方ない……女性はこんな些細《ささい》なことにささやかな喜びや楽しみを見出すのが得意だ。

片や、男性はそうした日常の小さなことに、幸せを見つけるのが苦手である。私は男性がなかなか持てない、女性特有の幸せの感覚を〝オバチャン力〟と名づけたい。

〝オバチャン力〟は孤独病を事前に防いだり、孤独で傷ついた心を慰めたりするのに大きな力を発揮すると思う。この孤独社会において、〝オバチャン力〟は何にもまして重要なものになるだろう。〝オバチャン力〟を磨く。それは小さなことに目が行きにくい男性こそもっとも身に付けるべきものではないだろうか。

男は大きなものを目指しすぎて孤独になる

男性に〝オバチャン力〟が乏しい一因として、教育の問題があると思う。男性は親や教師からことあるごとに、「小さなことにとらわれるな、大きな目標を持て」といったことを子どものときからいわれがちだからだ。

「少年よ、大志を抱け」ではないが、男は天下国家に影響を与えるような存在になるのが理想という風潮は、近代以降より一層強くなった。幕末から明治初期にかけては、そんな理想を胸に抱いた男たちが実際、国を動かすようなことをやった。土佐の海を見つめながら「でっかいこと」をいつも思っていた坂本龍馬をはじめ、幕末の志士たちの活躍により、二五〇年以上続いた江戸幕府が倒れ、西欧列強とやがて肩を並べる近代国家が建設されたのである。

明治維新から一五〇年近く経ったいまでも、男は社会に影響を与えるような大きな存在になるのが理想だという考え方に相変わらず多くの人がとらわれている。

しかしそれは、「女性は家庭に入り、男性は社会に出て働く」という昔ながらの封建的な考え方に支えられたものだと思う。男は大きくものをとらえて、スケールの大きな生き方をすべし、という考えは男尊女卑の思想と表裏一体でもある。

大きな目標を掲げてそれを追い続けることを暗黙のうちに求められる男性は、大変といえば大変である。目標が達成されればまだいいが、望み通りに大きな目標を実現する人は実際にはほんの少ししかいない。志半ばで挫折《ざせつ》し、社会に影響を与える一角の人物になれなかった。そんな屈託を抱えながら生きている男性は意外と多いのではないだろうか。

戦後、国民全員が豊かになることをひたすら目指して発展してきた日本の社会は、すでにその最大の目標を達成した。そこから先はみなに共通する大きな目標など立てようがない。

大きな目標を立て、大きな物語を描く。そこへ自分を投影するような生き方は、もうちょっと旧いのではないか。男性がつい抱きがちな大きなものへの憧れこそ、孤独へと自らを追い込む元凶であることに、そろそろ気づくべきではないだろうか。

男はもっと話したほうがいい……

先ごろ亡くなった俳優の高倉健は昭和の最後の大スターともいうべき存在だった。テレビに出ている若いお笑いタレントなどを見ていると、最近の日本人の男性はよくしゃべるようになったなと思うが、昭和のころまでは高倉健のような寡黙なタイプの男性がけっこういた。もっとも実際の高倉健はけっこう饒舌《じょうぜつ》な人だったらしいが、私なんかはファンだったこともあって、どうしても銀幕のイメージにとらわれてしまう。

おしゃべり好きな男性が増えたとはいえ、男はあまり余計なことをいわないほうがいいという風潮はこの平成の世においてもまだ残っているようだ。男は黙って勝負をする——それがかっこいいというイメージを持っている男性は相変わらず多いのではないか。

誰かと話す——このきわめてシンプルな行為は、人の孤独を左右するほどの大きな影響を与える。もちろんよくおしゃべりする人は孤独になりにくいし、ふだんからあまり話さない人は孤独に陥りやすい。

女性が男性と比べて孤独になりにくいのは、やはり女性のほうがおしゃべり好きだからだろう。

カフェなどで、リタイアして何もすることのない高齢の男性がよく一人でコーヒーを飲んでいるが、それとほぼ同世代の女性は友人や趣味の仲間たちと一緒に途切れることのない会話を楽しんでいることが多い。

彼女たちは、別に何か決まったテーマについて話しているわけではなく、とにかくしゃべり続けている。知人のうわさ話だったり、近所の人の悪口だったり、何の目的もなくしゃべり続けているのを見ていると、おしゃべりしている当人たちはそこに快感や安心感を覚えているんだなということがよくわかる。

そんなかまびすしい女性グループとは対照的に、たまに高齢の男性同士が向かい合ってコーヒーを飲んでいる姿を見かけるが、女性同士のグループと比べると会話は途切れがちだ。

こういう光景を見るにつけ、女性の脳と男性の脳は機能や構造が違うんだなということを実感する。女性は感情の動きに従って会話をし、男性は頭でロジックを組み立てながら会話をする傾向が強い。感情は川の流れのように途切れることがないから、それに乗っかった言葉も途切れることなく吐き出されていく。女性にとって、相手と共感し合いながら、そんなおしゃべりをするのが快感なのだろう。

一方男性は同性と話をするとき、相手の共感を求めるよりも自分のプライドのようなものを優先するようだ。こうしたプライドが相手とのスムースなやりとりをするうえで障害になるせいか、女性がするようなくだけた気楽な会話を苦手とする男性が少なくない。

老人ホームで友だちができず、孤立しがちな男性には共通する特徴があるという。リタイアする前は会社を経営し自分が一番偉いとばかり威張って仕事をやってきたような人。医者をしていて「先生、先生」と崇められるような地位にいた人。つまり現役のときの高いプライドをそのまま引きずっているような人が孤立しやすいのだそうだ。彼らは習い性からくる上から目線的な会話しかできないので、周りから敬遠されてしまうのだ。

共感や同意から来る快感を無意識の目的とした女性の会話は、絶えず水平に流れ、ぐる

図表8　孤独病を回避する生き方のモデル

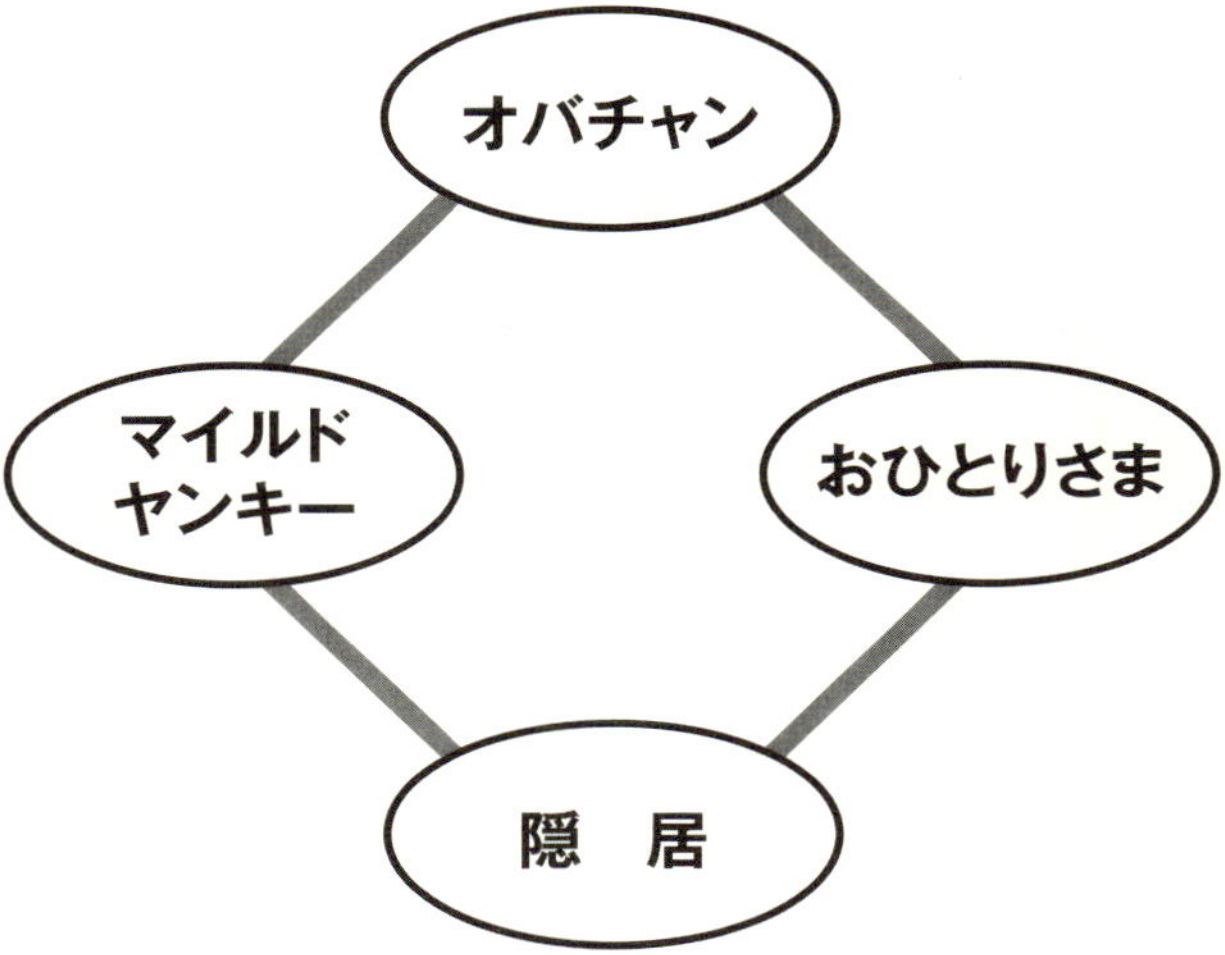

ぐる循環するイメージがある。男性でもこんな会話が自然にできる人は孤独に陥らずにすむだろう。

女性が得意な雑談力があるかないかで、人間関係の広がりはまったく変わってくる。雑談力は、最近仕事の視点からも注目されている。雑談を臨機応変、自在にできる人は仕事もうまくいくということがビジネス関連のメディアで喧伝されていることもあって、雑談力を磨きたいというビジネスマンが増えているという。

誰かと会話を交わす。それは当たり

前すぎることなのでほとんどの人は無意識にやっている。無意識のうちに習慣的にやっているので、ふだんどんなふうに他人と話をしているのか、自分の会話の仕方や話題の傾向を自覚することはほとんどないのである。

会話に限らずわれわれが日常的にしている行動の九〇パーセント以上は、習慣化されているといわれている。行動が習慣化されるのは、意識的に何かをするときと違って、エネルギーが節約され効率的だかららしい。

だが、他人とどういうふうに話をするか、どのようなコミュニケーションをとるかということは、相手との関係性を大きく左右するきわめて重要な事柄である。

だから、「周りから孤立しているな」とか、「最近人間関係に問題があるな」と感じたら、自分の話し方や内容の傾向といったものを客観的に眺めてみることも、ときには必要なのではないだろうか。

誰かにとって必要な存在になる手っ取り早い方法

仕事の一線から退いた後、どうやって老後を過ごすかは、いまや個人の問題にとどまらず、社会全体に影響が及ぶような大きなテーマになりつつある。医療や福祉という社会コストの問題もからむからだ。

現役引退後の時間は、たいていの人にとって人生のなかでもっとも孤独と向き合う時間になるはずだ。会社組織からも仕事のネットワークからも離れ、家庭内では子どもが結婚や就職で巣立っていく。さらにそう遠くない先には死の影がちらちら見え出す。

だが、老後の人生が孤独なものになるか、そうでないかは、どのような生き方をするかによってかなり違ってくるだろう。

残された時間を惜しむかのように貪欲《どんよく》に何か自分のテーマに打ち込む人、暇つぶしのような感覚で時間を無目的に埋めていく人、仕事をリタイアしてからどのように時間を使うかは人それぞれだが、見ているとだいたいいくつかのパターンに分かれるようだ。

仕事を辞めたら、それまでできなかった旅行や趣味を存分に堪能するぞと意気込む人が多い。だが、何年生きるかわからない老後の人生を考えたらお金のかかる旅行だってそうしょっちゅうはできない。存分にやりたかった趣味でもそればかりやり続けると飽きてくる。結局、日中は図書館や公民館などに行ってブラブラとお金がかからない生活を送る人が少なくないようだ。

なかにはリタイア後の時間を他人のために割く人もいる。いわゆるボランティアだ。公園の掃除をしたり、体の不自由な人の手伝いをしたり、一人暮らしの老人のために食事をつくったり……。何か人様のお役に立ちたいといってボランティア活動を熱心にする人はけっこういる。

仕事を退いた人たちが昔の仲間とたまに集まったりすると、もっとも生き生きしているのは、こうしたボランティア活動をやっている人だそうだ。ボランティアをしている人が生き生きしているのは、誰かに必要とされているという満足感を覚えているからである。

自分の存在が誰かの役に立ち、必要とされているという感覚は生きていくうえでとても大切だ。もちろんそれは仕事においても享受できる。だが、お金などの報酬がない分、ボランティアのほうがそのことをより純粋に感じられるのだろう。

孤独感は、自分の存在がこの社会の誰からも必要とされていないと感じるときに起こりやすい感情だ。その点、ボランティアの行為は、他人からの承認をもたらしてくれ、孤独から遠ざけてくれる。

ボランティアに少し関心はあるが、これまでボランティアなんてやったこともないし、ちょっとハードルが高いという人は、こう考えてみてはどうだろうか。ボランティアは最終的には自分の満足感を得るためにやっている行為であって、純粋な利他行為とはいえないと。そう考えたほうが、はじめてボランティア活動をしようとする人にとってはハードルが下がるのではないか。

孤独で心が滅入りそうになったら、自分のなかにある欲望にどう形を与えようかと考えることより、周囲の人が必要としていることに目を向け、そこから何か行動を起こすことを考えてみてもいいのではないだろうか。

孤独の効用とは何か?

引きこもり、独居老人、独身、シングルマザー、不登校……これらがいずれもマイナスのイメージを持っているのは、みな孤独な状態にあるものだからだ。

だが、孤独は果たしてそんなに悪いことなのだろうか?

人は一人で生まれてきて、一人で死んでいく。孤独は多かれ少なかれ誰でも経験する。孤独は避けようとしても避けられない。むしろ必要以上に避けようとするからこそ、悩むことになるのかもしれない。


本書では、孤独からくる寂しさや辛さといったものをどうやわらげるか、あるいは、どう回避するかといったことに主に軸足を置いて語ってきた。

最後に、少し視点を変えて、孤独本来の価値を検証してみたい。孤独にはネガティブな側面だけでなく、それと表裏一体の効用もあるからだ。

世の中には孤独をむしろ求めて、一人静かに暮らしている人がいる。このような人にとって孤独は苦痛どころか、浮世の煩わしさから解放された喜びや快感があるに違いない。

このような孤独に伴う喜びや快感は誰もが本当は知っている。寂しがり屋の人でも一人になりたい瞬間は必ずあるだろう。人間関係に煩わしさを感じて、一人でいるほうが居心地がよさそうだと思えば、そっちを選ぶのが人間という生き物だ。孤独でいることの喜びや快感を誰だって一度くらい感じたことがあるはずだ。

もっとも、快感を与えてくれる孤独であっても、それがずっと長く続くとなると寂しさと不安が頭をもたげてくる。では、世俗から離れて隠遁《いんとん》生活をしているような人は寂しかったり、不安に襲われたりすることはないのだろうか。もちろんまったくないということはないだろうが、人間関係の煩わしさを考えると、隠遁生活のほうが快適だと感じたのではないか。

鴨長明や西行法師、あるいは吉田兼好といった日本文学史に名を残す隠遁者にしても、孤独な隠遁生活が何よりも居心地よかったのだと思う。

とはいえ、彼らは誰とも交流がなかったわけではない。まったくの孤独を生きたわけではなかったのだ。もし本当に孤独な状態にあったなら、彼らの創作は誰の目にも触れることなく、彼らが遺《のこ》した歌や随筆を私たちは今日目にすることはできなかったはずである。

孤独の価値を深く知るには、まず孤独と向き合わなくてはいけない。孤独は嫌だとすぐネットで誰かとつながったり、周りの浅い人間関係に安易に逃げ込んだりしていては、孤独の価値を知ることなどできない。

孤独と向き合うといっても、もちろんそれは孤独な状態に陥って心を暗くすることではない。孤独が苦しいのは、そこから無理に抜け出そうとあがくからである。

ふだん周りにいる人たちの目や世間の価値観に合わせて生きている自分をそこから引き離し、何にも寄りかからない自分を見つめてみる。それが、孤独と本当に向き合うことになると思う。そして、そこから立ち上がってくる自分の声に耳を澄ますことが、孤独の価値を理解することにつながるのではないだろうか。

このように孤独を少し掘り下げ、自分と対話することをときにはやってみるべきだろう。そうすれば、生きることの意味に気づくかもしれないし、生のポテンシャルを高めるきっかけになるかもしれない。孤独から価値あるものを引き出すには、まずは孤独と向き合うことだ。

ただ、「深淵《しんえん》を覗くとき、深淵もまたこちらを覗いているのだ」というドイツの哲学者、ニーチェの言葉を思い出して、あまり孤独を見つめすぎないように気をつけなければならない。先述したように孤独を掘り下げすぎると、かえって自分を見失う危険がある。それだけはくれぐれも注意していただきたい。

孤独からくる寂しさや不安を埋めてくれる人間関係をつくるべく工夫する。ときには人間関係から離れ、孤独の快感に身をあずける。孤独と向き合ってそこから何かをつかむ――孤独とどう折り合いをつけ、どう付き合っていくかは、結局そのときどきの状況によって考え、選んでいくしかないのである。

おわりに

精神科医というのは、孤独と縁の深い職業である。孤独な患者さんの悩みごとを聞くのが仕事なのだから。

そのせいか、孤独に悩んでいる精神科医が少なくない。他人から悩みごとを相談される立場にいながら、自分自身の悩みは誰にも打ち明けられない孤独な状況にいる人を「ヘルプレス・ヘルパー」と呼ぶのだが、精神科医はどうしてもそうなりやすい。

そのため、精神科医自身が「ミイラとりがミイラになる」ということわざ通りに心を病む羽目にならないようにするには、身近なところにいる家族や友人などに自分の悩みを日ごろからできるだけ相談しておくほうがいい。

私もなるべくそうするように心がけている。もっとも、世の中には「他人に自分の悩みを相談するなんて弱い人間のすることだ。自分は弱みを見せるようなことはできない」と思っている人もいるだろう。そういう人はますます孤独になり、追い詰められてしまう危険性が高い。

強がっている人ほど、ポキンと折れやすいということを忘れてはならない。ときには弱みを見せることも必要と自分にいい聞かせて、辛いときはできるだけ周りの誰かに相談したほうが、「孤独病」に悩まずにすむだろう。

相談というと何となく構えてしまうかもしれないが、ただ話を聞いてもらうだけでいい。もちろん、そのためには、日ごろから何でも話せるような関係を家族や友人との間に築いておくことが必要だ。

ただ、孤独からくる寂しさや不安をすべて相手にぶつけるようなことはやってはいけない。強くすがられると、誰でもその重たさから逃れたくなるものだ。よほどボランティア精神に富んでいる人なら別かもしれないが、普通は敬遠されておしまいではないだろうか。

大切なのは、相手との微妙な距離感だ。悩みを自分だけで抱え込むのは非常に孤独なことなので、信頼できる相手に話すべきだが、自分では抱えきれないからといって、相手に丸投げして全身で助けを求めるようなことはやめておこう。

こうした距離感は、孤独との間でも保つことが必要だ。孤独が怖いからといって、孤独を避けることばかり考えていると、孤独への恐怖が募るばかりである。かといって、孤独をあまりにも見つめすぎると、その深淵にはまってしまうので、微妙な距離感を保つことをお忘れなく。

本書刊行に際しましては、集英社新書編集部の伊藤直樹さんに大変お世話になりました。心から感謝いたします。

片田珠美（かただ たまみ）

一九六一年広島県生まれ。精神科医。京都大学非常勤講師。大阪大学医学部卒業。京都大学大学院人間・環境学研究科博士課程修了。人間・環境学博士（京都大学）。フランス政府給費留学生として、パリ第八大学でラカン派の精神分析を学ぶ。臨床経験と精神分析的視点から心の病と社会の根底に潜む構造的な問題を分析。著書に『他人を攻撃せずにはいられない人』『プライドが高くて迷惑な人』（PHP新書）、『無差別殺人の精神分析』（新潮選書）他多数。

孤独病《こどくびょう》 寂《さび》しい日本人《にほんじん》の正体《しょうたい》

集英社新書〇八〇六E

二〇一五年一〇月二一日 第一刷発行

著者……片田珠美《かただたまみ》

発行者……加藤 潤

発行所……株式会社集英社

東京都千代田区一ツ橋二-五-一〇 郵便番号一〇一-八〇五〇

電話 〇三-三二三〇-六三九一（編集部）

〇三-三二三〇-六〇八〇（読者係）

〇三-三二三〇-六三九三（販売部）書店専用

装幀……原 研哉

印刷所……大日本印刷株式会社 凸版印刷株式会社

製本所……加藤製本株式会社

定価はカバーに表示してあります。

ISBN 978-4-08-720806-1 C0211

Printed in Japan

集英社新書　好評既刊

教育・心理——E

子育ての迷い解決法　10の知恵　毛利子来
性同一性障害　吉永みち子
「学ぶ」から「使う」外国語へ　関口一郎
ホンモノの文章力　樋口裕一
中年英語組　岸本周平
おじさん、語学する　塩田勉
感じない子ども　こころを扱えない大人　袰岩奈々
レイコ＠チョート校　岡崎玲子
大学サバイバル　古沢由紀子
語学で身を立てる　猪浦道夫
ホンモノの思考力　樋口裕一
共働き子育て入門　普光院亜紀
世界の英語を歩く　本名信行
かなり気がかりな日本語　野口恵子
人はなぜ逃げおくれるのか　広瀬弘忠
英語は動詞で生きている！　晴山陽一
悲しみの子どもたち　岡田尊司
行動分析学入門　杉山尚子
あの人と和解する　井上孝代
就職迷子の若者たち　小島貴子
日本語はなぜ美しいのか　黒川伊保子
性のこと、わが子と話せますか？　村瀬幸浩
「人間力」の育て方　堀田力
「やめられない」心理学　島井哲志
学校崩壊と理不尽クレーム　嶋﨑政男
死んだ金魚をトイレに流すな　近藤卓
「才能」の伸ばし方　折山淑美
演じる心、見抜く目　友澤晃一
外国語の壁は理系思考で壊す　杉本大一郎
○《まる》のない大人　×《ばつ》だらけの子ども　袰岩奈々
巨大災害の世紀を生き抜く　広瀬弘忠
メリットの法則　行動分析学・実践編　奥田健次
「謎」の進学校　麻布の教え　神田憲行

a pilot of wisdom

哲学・思想——C

- ドイツ人のバカ笑い　ディーター・トーマほか編
- デモクラシーの冒険　姜尚中／テッサ・モーリス・スズキ
- 新人生論ノート　木田元
- 乱世を生きる 市場原理は嘘かもしれない　橋本治
- ブッダは、なぜ子を捨てたか　山折哲雄
- 憲法九条を世界遺産に　太田光／中沢新一
- 悪魔のささやき　加賀乙彦
- 人権と国家　スラヴォイ・ジジェク／岡崎玲子
- 「狂い」のすすめ　ひろさちや
- 越境の時 一九六〇年代と在日　鈴木道彦
- 偶然のチカラ　植島啓司
- 日本の行く道　橋本治
- 新個人主義のすすめ　林望
- イカの哲学　中沢新一／波多野一郎
- 「世逃げ」のすすめ　ひろさちや
- 悩む力　姜尚中
- 夫婦の格式　橋田壽賀子
- 神と仏の風景「こころの道」　廣川勝美
- 無の道を生きる——禅の辻説法　有馬頼底
- 新左翼とロスジェネ　鈴木英生
- 虚人のすすめ　康芳夫
- 自由をつくる 自在に生きる　森博嗣
- 不幸な国の幸福論　加賀乙彦
- 創るセンス 工作の思考　森博嗣
- 天皇とアメリカ　吉見俊哉／テッサ・モーリス・スズキ
- 努力しない生き方　桜井章一
- いい人ぶらずに生きてみよう　千玄室
- 不幸になる生き方　勝間和代
- 生きるチカラ　植島啓司
- 必生《ひっせい》 闘う仏教　佐々井秀嶺
- 韓国人の作法　金栄勲
- 強く生きるために読む古典　岡敦
- 自分探しと楽しさについて　森博嗣

a pilot of wisdom

人生はうしろ向きに　南條竹則
日本の大転換　中沢新一
実存と構造　三田誠広
空《くう》の智慧、科学のこころ　茂木健一郎／ダライ・ラマ十四世
小さな「悟り」を積み重ねる　アルボムッレ・スマナサーラ
科学と宗教と死　加賀乙彦
犠牲のシステム　福島・沖縄　高橋哲哉
気の持ちようの幸福論　小島慶子
日本の聖地ベスト100　植島啓司
続・悩む力　姜尚中
心を癒す言葉の花束　アルフォンス・デーケン
自分を抱きしめてあげたい日に　落合恵子
その未来はどうなの？　橋本治
荒天の武学　内田樹／光岡英稔
武術と医術　人を活かすメソッド　甲野善紀／小池弘人
不安が力になる　ジョン・キム
冷泉家　八〇〇年の「守る力」　冷泉貴実子

世界と闘う「読書術」　思想を鍛える一〇〇〇冊　佐高信／佐藤優
心の力　姜尚中
一神教と国家　イスラーム、キリスト教、ユダヤ教　内田樹／中田考
伝える極意　長井鞠子
それでも僕は前を向く　大橋巨泉
体を使って心をおさめる　修験道入門　田中利典
百歳の力　篠田桃紅
釈迦とイエス　真理は一つ　三田誠広
ブッダをたずねて　仏教二五〇〇年の歴史　立川武蔵
「おっぱい」は好きなだけ吸うがいい　加島祥造
イスラーム　生と死と聖戦　中田考
アウトサイダーの幸福論　ロバート・ハリス
進みながら強くなる　——欲望道徳論　鹿島茂
科学の危機　金森修
出家的人生のすすめ　佐々木閑
科学者は戦争で何をしたか　益川敏英
悪の力　姜尚中

集英社新書　好評既刊

文芸・芸術——F

文士と姦通	川西政明
ピカソ	瀬木慎一
超ブルーノート入門 完結編	中山康樹
ジョイスを読む	結城英雄
樋口一葉「いやだ！」と云ふ	田中優子
余白の美 酒井田柿右衛門	十四代 酒井田柿右衛門
父の文章教室	花村萬月
懐かしのアメリカTV映画史	瀬戸川宗太
日本の古代語を探る	西郷信綱
古本買い 十八番勝負	嵐山光三郎
江戸の旅日記	ヘルベルト・プルチョウ
脚本家・橋本忍の世界	村井淳志
ジョン・レノンを聴け！	中山康樹
必笑小咄《こばなし》のテクニック	米原万里
小説家が読むドストエフスキー	加賀乙彦
喜劇の手法 笑いのしくみを探る	喜志哲雄
落語「通」入門	桂文我
永井荷風という生き方	松本哉
世にもおもしろい狂言	茂山千三郎
クワタを聴け！	中山康樹
米原万里の「愛の法則」	米原万里
官能小説の奥義	永田守弘
日本人のことば	粟津則雄
ジャズ喫茶 四谷「いーぐる」の100枚	後藤雅洋
宮澤賢治 あるサラリーマンの生と死	佐藤竜一
寂聴と磨く「源氏力」全五十四帖 一気読み！	「百万人の源氏物語」委員会編
時代劇は死なず！	春日太一
田辺聖子の人生あまから川柳	田辺聖子
幻のB級！大都映画がゆく	本庄慧一郎
現代アート、超入門！	藤田令伊
江戸のセンス	荒井修 いとうせいこう
振仮名の歴史	今野真二
俺のロック・ステディ	花村萬月

集英社新書　好評既刊

丸山眞男と田中角栄「戦後民主主義」の逆襲
佐高 信／早野 透　0794-A

戦後日本を実践・体現したふたりの「巨人」の足跡をたどり、民主主義を守り続けるための〝闘争の書〟！

英語化は愚民化 日本の国力が地に落ちる
施 光恒　0795-A

「英語化」政策で超格差社会に。グローバル資本を利する搾取のための言語＝英語の罠を政治学者が撃つ！

伊勢神宮とは何か 日本の神は海からやってきた〈ヴィジュアル版〉
植島啓司／写真・松原 豊　039-V

日本最高峰の聖地・伊勢神宮の起源は海にある！ 丹念な調査と貴重な写真からひもとく、伊勢論の新解釈。

出家的人生のすすめ
佐々木 閑　0797-C

出家とは僧侶の特権ではない。釈迦伝来の「律」より説く、精神的成熟を目指すための「出家的」生き方。

奇食珍食 糞便録〈ノンフィクション〉
椎名 誠　0798-N

世界の辺境を長年にわたり巡ってきた著者による、「人間が何を食べ、どう排泄してきたか」に迫る傑作ルポ。

科学者は戦争で何をしたか
益川敏英　0799-C

自身の戦争体験と反戦活動を振り返りつつ、ノーベル賞科学者が世界から戦争を廃絶する方策を提言する。

江戸の経済事件簿 地獄の沙汰も金次第
赤坂治績　0800-D

金銭がらみの出来事を描いた歌舞伎・落語・浮世絵等から学ぶ、近代資本主義以前の江戸の経済と金の実相。

宇沢弘文のメッセージ
大塚信一　0801-A

〝人間が真に豊かに生きる条件〟を求め続けた天才経済学者の思想の核に、三〇年伴走した著者が肉薄！

原発訴訟が社会を変える
河合弘之　0802-B

原発運転差止訴訟で勝利を収めた弁護士が、原発推進派と闘うための法廷戦術や訴訟の舞台裏を初公開！

悪の力
姜尚中　0803-C

「悪」はどこから生まれるのか――。一〇〇万部のベストセラー『悩む力』の著者が、人類普遍の難問に挑む。